# CARTEA COMPLETĂ DE CATEGORII PENTRU CRUCICE

De la mare la farfurie: o aventură cuprinzătoare a crustaceelor

Alma Olteanu

Material cu drepturi de autor ©2024

Toate drepturile rezervate

Nicio parte a acestei cărți nu poate fi utilizată sau transmisă sub nicio formă sau prin orice mijloc fără acordul scris corespunzător al editorului și al proprietarului drepturilor de autor, cu excepția citatelor scurte utilizate într-o recenzie. Această carte nu trebuie considerată un substitut pentru sfaturi medicale, juridice sau alte sfaturi profesionale.

# CUPRINS _

**CUPRINS _** ................................................................ 3
**INTRODUCERE** ........................................................ 7
**HOMAR** .................................................................... 8

1. Homar Benedict ............................................... 9
2. Omletă cu homar ............................................ 11
3. Pâine prăjită cu homar și avocado ................. 13
4. Burrito de mic dejun cu homar ...................... 15
5. Frittata cu homar si spanac ............................ 17
6. Crepe de porumb și homar ............................ 19
7. Vafe cu homar ................................................ 22
8. Homar ouă umplute cu salată ....................... 25
9. Ravioli de homar și crab ................................ 27
10. Frițeluri de homar ........................................ 30
11. Dip de fondue de homar .............................. 32
12. Nachos cu homar ......................................... 34
13. Surf and Turf on a Băț ................................. 36
14. Ceviche de homar ........................................ 38
15. Cârnați de homar ......................................... 40
16. Coadă de homar cu fructe tropicale la grătar ....... 42
17. Plăcintă cu homar ........................................ 44
18. Rula de homar .............................................. 47
19. Branza la gratar cu crab si homar ................ 49
20. Homar Newburg ........................................... 51
21. Termidor de homar cu turmeric în sos ........ 53
22. Cuptor cu lemne Cozi de homar .................. 55
23. homar cantonez ........................................... 57
24. Cozi de homar cu unt de citrice ................... 59
25. Ceai negru de lychee homar afumat ............ 61
26. Risotto cu homar cu curry ........................... 63
27. Macacar cu homar și brânză ........................ 66
28. Lasagna cu homar și creveți ........................ 69

29. Caserolă cu tăiței de homar ............................................................. 72
30. Caserolă cu paste cu fructe de mare ................................................ 75
31. Paste papion cu homar și anghinare ................................................ 77
32. Ravioli de crustacee în bulion de șofran ......................................... 79
33. Tocană chinezească de homar ......................................................... 82
34. Homar-Bisque de rosii ..................................................................... 85
35. Buton ciuperci și homar .................................................................. 87
36. Salată de homar și mango ............................................................... 89
37. Salata Caesar de homar ................................................................... 91
38. Chiffonada de homar ....................................................................... 93
39. Tabbouleh de homar cu busuioc ..................................................... 95

# CREVETĂ ............................................................................................. 98

40. Mușcături de Bouillabaisse ............................................................. 99
41. Linguine și scampi de creveți ........................................................ 101
42. Creveți a la Plancha peste pâine prăjită Allioli cu șofran .............. 103
43. Monkfish din Bombay .................................................................... 106
44. Paella de pui, creveți și chorizo ..................................................... 108
45. Mușcături de creveți cu mentă ...................................................... 111
46. Fructe kiwi și creveți S .................................................................. 113
47. Brânză de capră cu ierburi și creveți prosciutto ........................... 115
48. Gnocchetti cu creveți și pesto ....................................................... 117
49. Popcorn acadian ............................................................................ 120
50. Frigarui de fructe de mare glazurate cu mere .............................. 122
51. Salate de creveți și spanac ............................................................ 124
52. Sufle de creveți .............................................................................. 126
53. Ceviche Peruano ............................................................................ 128
54. Fondue de cheddar cu sos de rosii ................................................ 130
55. Dip picant de creveți și brânză ..................................................... 132
56. Duck Gumbo .................................................................................. 134
57. Curry de rață cu ananas ................................................................ 137
58. Curry de rață la grătar cu litchi .................................................... 140
59. Ceviche de crustacee la gratar ...................................................... 143
60. Boluri cu rulouri de primăvară cu dovlecei .................................. 145
61. Salata de quinoa si creveti ............................................................ 147
62. Creveți cu mahmureală ................................................................. 149
63. Rulouri de creveți .......................................................................... 151

64. Paste cu creveți pesto cu brânză și ciuperci ............................ 154
65. Creveți pesto brânză cu paste .................................................. 156

## CRAB ............................................................................................. 158

66. Brioșe cu crab ............................................................................ 159
67. Tarte cu crab .............................................................................. 161
68. Dip cu fructe de mare ............................................................... 163

## STRDIILE ..................................................................................... 165

69. Crochete de stridii .................................................................... 166
70. Bruscheta cu stridii și roșii ...................................................... 169
71. Rulouri de sushi cu stridii ........................................................ 171
72. Crostini cu stridii și brânză albastră ....................................... 173
73. Creveți prăjiți cajun și stridii ................................................... 175
74. Stridii prăjite ............................................................................. 177
75. Ceviche cu stridii și habanero ................................................. 179
76. Mușcături de slănină-stridii .................................................... 181
77. Stridii și caviar .......................................................................... 183
78. Rulouri de primăvară cu stridii ............................................... 185
79. Tempura stridii prăjite ............................................................. 187
80. Stridiile clasice Rockefeller .................................................... 190
81. Trăgători cu stridii ................................................................... 192
82. Aperitive învelite cu stridii și slănină ..................................... 194
83. Dip picant de stridii ................................................................. 196
84. Canape cu stridii și castraveți ................................................. 198
85. Tostadas cu salsa de stridii și mango ..................................... 200
86. Crostini cu stridii și pesto ....................................................... 202
87. Poppers cu stridii și bacon Jalapeño ...................................... 204
88. Guacamole cu stridii și mango ............................................... 206
89. Ciuperci umplute cu stridii si branza de capra ...................... 208

## MOLUȘTE COMESTIBILE ....................................................... 210

90. Scoici dip .................................................................................. 211
91. Scoici umplute la cuptor ......................................................... 213
92. Fritelii de scoici la conserva ................................................... 215
93. Bile de scoici ............................................................................ 217

## SCOICI ......................................................................................... 219

| 94. Ceviche de scoici de dafin | 220 |
| 95. Scoici Bourbon-slănină | 222 |
| 96. Scoici caramelizate | 224 |

## RAC DE RÂU ............................................................................. 226

| 97. Se fierbe raci în stil cajun | 227 |
| 98. Raci cu unt cu usturoi | 229 |
| 99. Paste cu raci | 231 |
| 100. Etouffee de raci | 233 |

## CONCLUZIE .............................................................................. 235

# INTRODUCERE

Bine ați venit la „Cartea Completă De Categorii Pentru Crucice", ghidul dumneavoastră cuprinzător pentru o aventură cu crustacee care vă duce de la mare la farfurie. Această carte de bucate este o sărbătoare a lumii diverse și delicioase a crustaceelor, invitându-vă să explorați generozitatea oceanelor și să creați capodopere culinare care prezintă aromele bogate ale acestor comori subacvatice. Alăturați-vă nouă într-o călătorie care depășește ceea ce este familiar, permițându-vă să savurați delicatesele mării într-o varietate de moduri interesante și delicioase.

Imaginați-vă o masă împodobită cu platouri de stridii suculente, creveți la grătar perfect și mâncăruri decadente de homar - toate pregătite cu experiență pentru a evidenția calitățile unice ale fiecărui soi de crustacee. „Cartea Completă De Categorii Pentru Crucice" este mai mult decât o simplă colecție de rețete; este o explorare a tehnicilor, aromelor și posibilităților culinare pe care le oferă crustaceele. Indiferent dacă sunteți un pasionat de fructe de mare sau doriți să vă extindeți orizonturile culinare, aceste rețete sunt concepute pentru a vă inspira să creați mâncăruri memorabile și delicioase cu comorile de pe mare.

De la preparate clasice la variante inovatoare ale fructelor preferate de crustacee, fiecare rețetă este o sărbătoare a aromelor sarate, dulci și sărate care definesc aceste delicii oceanice. Fie că găzduiești un festin cu fructe de mare sau te bucuri de o masă liniștită acasă, această carte de bucate este resursa ta de bază pentru a stăpâni arta de a prepara crustacee.

Alăturați-vă nouă în timp ce ne scufundăm în adâncurile oceanului, unde fiecare creație este o mărturie a lumii diverse și delicioase a crustaceelor. Așadar, îmbrăcați-vă șorțul, îmbrățișați prospețimea mării și haideți să pornim într-o călătorie aromată prin „Cartea completă de bucate pentru crustacee".

# HOMAR

# 1. Homar Benedict

**INGREDIENTE:**
- 1 coadă de homar, fiartă și tăiată cubulețe
- 2 brioșe englezești, împărțite și prăjite
- 4 ouă
- ½ cană sos olandez
- Sare si piper dupa gust
- Arpagic proaspăt pentru ornat

**INSTRUCȚIUNI:**

a) Într-un castron mic, bateți ouăle și asezonați cu sare și piper.

b) Încinge o tigaie antiaderentă la foc mediu și topește puțin unt. Se toarnă ouăle bătute în tigaie și se amestecă până când sunt fierte la nivelul dorit.

c) Între timp, încălziți carnea de homar tăiată cubulețe într-o tigaie separată.

d) Pentru asamblare, puneți o jumătate de brioșă englezească prăjită pe o farfurie, acoperiți-o cu omletă, urmată de carnea de homar încălzită.

e) Peste homar se stropesc cu sos olandez și se ornează cu arpagic proaspăt.

f) Repetați pentru jumătățile de brioșe englezești rămase.

g) Serviți imediat.

## 2.Omletă cu homar

**INGREDIENTE:**
- 1 coadă de homar, fiartă și tăiată cubulețe
- 4 ouă
- ¼ cană ardei gras tăiați cubulețe
- ¼ cană ceapă tăiată cubulețe
- ¼ cană brânză cheddar mărunțită
- Sare si piper dupa gust
- Pătrunjel proaspăt pentru garnitură

**INSTRUCȚIUNI:**

a) Intr-un castron batem ouale si asezonam cu sare si piper.

b) Încinge o tigaie antiaderentă la foc mediu și adaugă puțin ulei sau unt.

c) Se calesc ardeii grasi si ceapa taiate cubulete pana devin fragezi.

d) Se toarnă ouăle bătute în tigaie și se rotesc pentru a le întinde uniform.

e) Gatiti pana incep sa se intareasca marginile, apoi presarati homarul taiat cubulete si branza cheddar tocata peste jumatate din omleta.

f) Îndoiți cealaltă jumătate de omletă peste umplutură.

g) Continuați să gătiți până când ouăle sunt complet întărite și brânza s-a topit.

h) Pune omleta pe o farfurie si orneaza cu patrunjel proaspat.

## 3.Pâine prăjită cu homar și avocado

**INGREDIENTE:**
- 1 coadă de homar, fiartă și tăiată cubulețe
- 2 felii de paine, prajite
- 1 avocado copt, feliat
- Suc de ½ lămâie
- Sare si piper dupa gust
- Fulgi de ardei roșu (opțional)
- Coriandru proaspăt pentru garnitură

**INSTRUCȚIUNI:**

a) Într-un castron mic, zdrobiți avocado cu suc de lămâie, sare și piper.
b) Întindeți uniform piureul de avocado pe feliile de pâine prăjită.
c) Acoperiți fiecare felie cu carnea de homar tăiată.
d) Se presara cu fulgi de ardei rosu daca se doreste si se orneaza cu coriandru proaspat.
e) Serviți imediat.

# 4.Burrito de mic dejun cu homar

**INGREDIENTE:**
- 1 coadă de homar, fiartă și tăiată cubulețe
- 4 ouă mari
- ¼ cană roșii tăiate cubulețe
- ¼ cană ceapă tăiată cubulețe
- ¼ de cană de brânză Monterey Jack mărunțită
- Sare si piper dupa gust
- Tortilla de făină
- Salsa si smantana pentru servire

**INSTRUCȚIUNI:**
a)  Intr-un castron batem ouale si asezonam cu sare si piper.
b)  Încinge o tigaie antiaderentă la foc mediu și adaugă puțin ulei sau unt.
c)  Se calesc rosiile si ceapa taiate cubulete pana se inmoaie.
d)  Se toarnă ouăle bătute în tigaie și se amestecă până când sunt fierte.
e)  Adăugați carnea de homar tăiată cubulețe și brânza Monterey Jack mărunțită în tigaie, amestecând până când brânza se topește.
f)  Încălziți tortillale de făină într-o tigaie separată sau cuptorul cu microunde.
g)  Puneți amestecul de homar și ouă pe fiecare tortilla, apoi pliați părțile laterale și rulați strâns.
h)  Servește burrito-urile de la micul dejun cu salsa și smântână pe lângă.

## 5. Frittata cu homar si spanac

**INGREDIENTE:**
- 1 coadă de homar, fiartă și tăiată cubulețe
- 6 ouă mari
- 1 cană frunze proaspete de spanac
- ¼ cană ceapă tăiată cubulețe
- ¼ cană ardei gras roșii tăiați cubulețe
- ¼ cană parmezan ras
- Sare si piper dupa gust
- Frunze de busuioc proaspăt pentru decor

**INSTRUCȚIUNI:**
a) Preîncălziți cuptorul la 350°F (175°C).
b) Intr-un castron batem ouale si asezonam cu sare si piper.
c) Se încălzește o tigaie pentru cuptor la foc mediu și se adaugă puțin ulei sau unt.
d) Se calesc ceapa taiata cubulete si ardeiul gras rosu pana devin fragezi.
e) Adăugați frunzele proaspete de spanac în tigaie și gătiți până se ofilesc.
f) Turnați ouăle bătute în tigaie, permițându-le să umple spațiile dintre legume.
g) Adăugați uniform carnea de homar tăiată cubulețe în toată frittata.
h) Deasupra se presara parmezan ras.
i) Transferați tigaia în cuptorul preîncălzit și coaceți aproximativ 15-20 de minute sau până când frittata este întărită și brânza se topește și se rumenește ușor.
j) Scoatem din cuptor si lasam sa se raceasca putin inainte de a taia felii.
k) Se ornează cu frunze proaspete de busuioc și se servește cald.

# 6.Crepe de porumb și homar

**INGREDIENTE:**
**PENTRU CRETELE DE PORUMB:**
- 1 cana boabe de porumb (proaspete sau congelate)
- 1 cană de făină universală
- 1 cană lapte
- 2 ouă mari
- 2 linguri de unt topit
- ½ lingurita sare
- Spray de gatit sau unt suplimentar pentru ungerea tava

**PENTRU Umplutura cu homar:**
- 2 cozi de homar, fierte si carnea scoasa
- ¼ cană maioneză
- 1 lingura suc de lamaie
- 1 lingura arpagic proaspat tocat
- Sare si piper dupa gust

**PENTRU MONTARE ŞI ORNIERE:**
- Salată mixtă de verdeață
- Roți de lămâie
- Arpagic proaspăt sau pătrunjel (pentru garnitură)

**INSTRUCȚIUNI:**

a) Într-un blender sau robot de bucătărie, combinați boabele de porumb, făina, laptele, ouăle, untul topit și sarea. Mixați până obțineți un aluat omogen. Lăsați aluatul să se odihnească aproximativ 10 minute.

b) Încinge o tigaie antiaderentă sau o tigaie pentru creponare la foc mediu. Ungeți ușor tava cu spray de gătit sau unt.

c) Turnați aproximativ ¼ de cană de aluat de crepe de porumb în tigaie și răsuciți-l pentru a acoperi fundul uniform. Gatiti 1-2 minute pana cand marginile incep sa se ridice si fundul este usor auriu. Întoarceți crepa și gătiți încă 1-2 minute.

d) Scoateți crepea din tavă și lăsați-o deoparte. Repetați procesul cu aluatul rămas, făcând crepe suplimentare.

e) Într-un castron, combinați carnea de homar fiartă, maioneza, sucul de lămâie, arpagicul tocat, sare și piper. Se amestecă bine până când carnea homarului este acoperită cu dressing.

f) Pentru a asambla teancul, puneți o crep de porumb pe o farfurie de servire. Întindeți uniform peste crep un strat de umplutură de homar.

g) Acoperiți cu un alt crep și repetați procesul până când ați folosit toate crepurile și umplutura de homar. Terminați cu un crep deasupra.

h) Ornează teancul cu verdeață de salată mixtă, felii de lămâie și arpagic proaspăt sau pătrunjel.

i) Tăiați teancul de homar în felii și serviți-l ca fel principal sau ca aperitiv elegant.

# 7. Vafe cu homar

**INGREDIENTE:**
**PENTRU HOMUS:**
- 2 cozi de homar
- 2 linguri de unt
- Sare si piper dupa gust

**PENTRU VAFE:**
- 2 căni de făină universală
- 2 lingurite praf de copt
- ½ lingurita sare
- 2 linguri de zahar granulat
- 2 ouă mari
- 1 ½ cană de lapte
- ⅓ cană ulei vegetal
- Spray de gătit sau unt suplimentar pentru ungerea fierului de vafe

**PENTRU SERVIRE:**
- Sirop din esență de arțar
- Arpagic proaspăt sau pătrunjel, tocat (opțional)

**INSTRUCȚIUNI:**

a) Preîncălziți cuptorul la 375°F (190°C). Puneți cozile de homar pe o foaie de copt și ungeți-le cu unt topit. Asezonați cu sare și piper.
b) Coaceți cozile de homar pentru aproximativ 12-15 minute, sau până când carnea este opaca și gătită. Scoateți-le din cuptor și lăsați-le să se răcească câteva minute.
c) Odată ce cozile homarului sunt suficient de reci pentru a fi manipulate, scoateți carnea de pe coji și tăiați-o în bucăți mici. Pus deoparte.
d) Într-un castron mare, amestecați făina, praful de copt, sarea și zahărul.
e) Într-un castron separat, bate ouăle. Adăugați laptele și uleiul vegetal și amestecați până se omogenizează bine.
f) Turnați ingredientele umede în vasul cu ingredientele uscate. Se amestecă până când se combină. Aveți grijă să nu amestecați în exces; câteva bulgări sunt în regulă.
g) Preîncălziți fierul de vafe conform instrucțiunilor acestuia. Ungeți ușor fierul de călcat cu spray de gătit sau unt.
h) Turnați aluatul de vafe pe fierul de călcat preîncălzit, folosind cantitatea recomandată pentru fierul dvs. de vafe. Închideți capacul și gătiți vafele până devin aurii și crocante.
i) Scoateți vafele fierte din fierul de călcat și păstrați-le calde într-un cuptor mic în timp ce gătiți vafele rămase.
j) Pentru asamblare, asezati o vafa pe o farfurie si acoperiti-o cu o portie generoasa de carne tocata de homar. Stropiți cu sirop de arțar și stropiți cu arpagic proaspăt sau pătrunjel, dacă doriți.
k) Serviți vafele cu homar imediat cât sunt calde și bucurați-vă de combinația de homar savuros și vafe crocante.

# 8.Homar ouă umplute cu salată

**INGREDIENTE:**
- 6 oua fierte tari
- ½ kilogram de carne de homar fiartă, tocată
- ¼ cană maioneză
- 1 lingura suc de lamaie
- 1 lingura arpagic proaspat tocat
- ¼ de linguriță de muștar de Dijon
- Sare si piper dupa gust
- Boia (pentru garnitură)
- Arpagic proaspăt (pentru garnitură)

**INSTRUCȚIUNI:**

a) Tăiați ouăle fierte tari în jumătate pe lungime. Scoateți cu grijă gălbenușurile și puneți-le într-un castron.

b) Se pasează gălbenușurile cu o furculiță până devin sfărâmicioase. Adăugați în bol carnea tocată de homar, maioneza, sucul de lămâie, arpagicul tocat, muștarul de Dijon, sare și piper. Se amestecă bine până când toate ingredientele sunt combinate și amestecul este cremos.

c) Turnați amestecul de salată de homar în jumătățile de albuș golite, împărțindu-l uniform între ele.

d) Presărați puțină boia de ardei peste fiecare ou umplut pentru un plus de culoare și un plus de aromă.

e) Ornați fiecare ou umplut cu o crenguță mică de arpagic proaspăt.

f) Dați ouăle umplute cu salată de homar la frigider pentru cel puțin 30 de minute pentru a permite aromelor să se îmbine.

g) Serviți ouăle umplute reci ca aperitiv sau gustare. Pot fi aranjate pe un platou sau pe farfurii individuale de servire.

# 9.Ravioli de homar și crab

**INGREDIENTE:**
**PENTRU ALUATUL DE PASTE:**
- 2 căni de făină universală
- 3 ouă mari
- ½ lingurita sare

**PENTRU Umplutura:**
- ½ kilogram de carne de homar fiartă, tocată
- ½ kilogram de carne de crab fiartă, tocată
- ½ cană de brânză ricotta
- ¼ cană parmezan ras
- ¼ cană pătrunjel proaspăt tocat
- 2 linguri de salota tocata
- 2 catei de usturoi, tocati
- 1 lingura suc de lamaie
- ½ lingurita sare
- ¼ lingurita piper negru

**PENTRU SOS:**
- 4 linguri de unt nesarat
- 2 catei de usturoi, tocati
- 1 lingura patrunjel proaspat tocat
- 1 lingura suc de lamaie
- Sare si piper dupa gust

**INSTRUCȚIUNI:**

a) Pregătiți aluatul de paste făcând un godeu în centrul făinii pe o suprafață de lucru curată. Spargeți ouăle în fântână și adăugați sare. Cu ajutorul unei furculite, batem ouale si incorporam incet faina pana se formeaza un aluat. Framantam aluatul timp de aproximativ 5 minute pana se omogenizeaza si elastic. Înfășurați-l într-o folie de plastic și lăsați-l să se odihnească timp de 30 de minute.

b) Într-un castron, combinați carnea tocată de homar, carnea de crab, brânza ricotta, parmezan, pătrunjel tocat, eșalotă, usturoi tocat, sucul de lămâie, sare și piper negru. Se amestecă bine până când toate ingredientele se combină uniform. Pus deoparte.

c) Împărțiți aluatul de paste în patru porții. Luați o porție și acoperiți restul pentru a preveni uscarea. Întindeți aluatul folosind o mașină de paste sau un sucitor până devine subțire și neted. Tăiați aluatul în foi dreptunghiulare, de aproximativ 3x5 inci.

d) Pune o lingură de umplutură de homar și crab în centrul fiecărei foi de paste. Ungeți marginile foii cu apă, apoi pliați peste umplutură pentru a crea un dreptunghi. Apăsați ferm marginile pentru a sigila ravioli.

e) Aduceți o oală mare cu apă cu sare la fiert. Puneți cu grijă ravioli în apă clocotită și gătiți aproximativ 3-4 minute sau până când plutesc la suprafață. Scoateți ravioli fierte cu o lingură cu fantă și transferați-le pe o farfurie.

f) Într-o tigaie mare, topește untul la foc mediu. Adăugați usturoiul tocat și gătiți până devine parfumat, aproximativ 1 minut. Se amestecă pătrunjelul tocat și sucul de lămâie. Se condimenteaza cu sare si piper dupa gust.

g) Puneți ravioli fierte în tigaia cu sosul și amestecați-le ușor pentru a se acoperi uniform. Gatiti inca un minut pentru a permite aromelor sa se topeasca.

h) Serviți ravioli de homar și crab fierbinți, ornat cu brânză suplimentară parmezan și pătrunjel proaspăt, dacă doriți.

## 10.Frițeluri de homar

**INGREDIENTE:**
- 1 cană homar tocat
- 2 oua
- ½ cană de lapte
- 1¼ cană făină
- 2 lingurițe Praf de copt
- Sare si piper dupa gust

**INSTRUCȚIUNI:**

a) Încălzește grăsimea până când un cub de pâine se rumenește în șaizeci de secunde. În timp ce grăsimea se încălzește, bate ouăle până se luminează.

b) Adăugați laptele și făina cernute cu praf de copt, sare și piper, apoi adăugați homarul tocat.

c) Puneți cu o lingură mică în grăsime și prăjiți până se rumenesc. Scurgeți pe hârtie maro într-un cuptor cald.

d) Serviți cu sos rapid de lămâie.

## 11. Dip de fondue de homar

**INGREDIENTE:**
- 2 linguri de unt sau margarina
- 2 căni de brânză Cheddar mărunțită
- ¼ linguriță Sos de ardei roșu
- ⅓ cană vin alb sec
- 5 uncii de homar tăiat în bucăți mici

**INSTRUCȚIUNI:**

a) Topiți untul într-o tigaie la foc mic. Adăugați treptat și amestecați brânza până când brânza se topește.

b) Adăugați sos de ardei roșu; adăugați încet vinul, amestecând până când amestecul este omogen. Adauga homarul; se amestecă până se încălzește.

## 12. Nachos cu homar

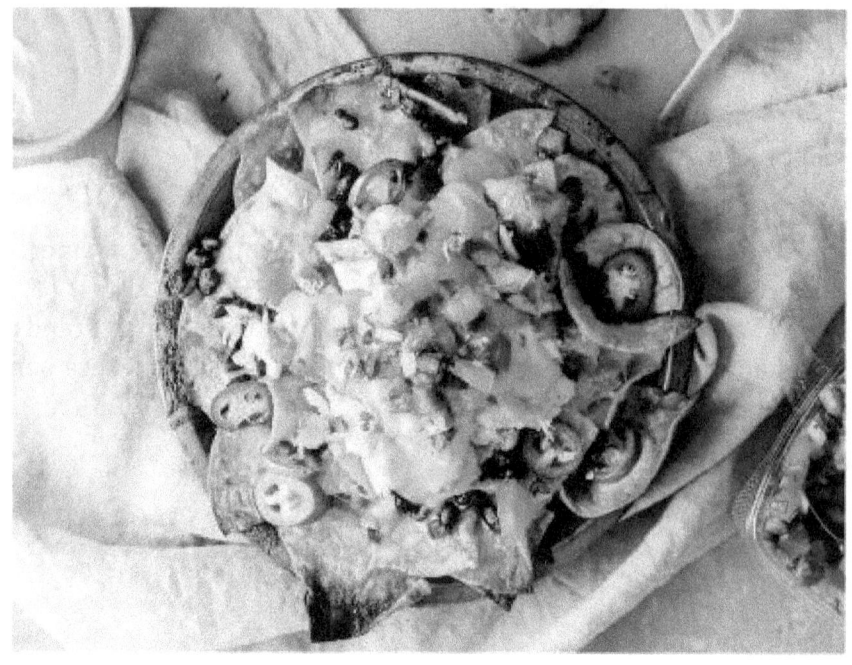

**INGREDIENTE:**
- 1 kilogram de carne de homar fiartă, tocată
- 1 lingura de unt
- 1 lingura de faina
- 1 cană lapte
- Sare si piper
- CIPS tortilla
- 1 cană de brânză Monterey Jack mărunțită
- Pătrunjel proaspăt tocat

**INSTRUCȚIUNI**

a) Preîncălziți cuptorul la 350°F.
b) Într-o cratiță la foc mediu, se topește untul și se amestecă făina. Gatiti 1-2 minute.
c) Se amestecă treptat laptele până se omogenizează. Asezonați cu sare și piper.
d) Aranjați chipsurile tortilla pe o foaie de copt și acoperiți cu carne tocată de homar și brânză mărunțită.
e) Se toarnă sosul peste nachos și se coace la cuptor pentru 8-10 minute, sau până când brânza este topită și clocotită.
f) Se orneaza cu patrunjel tocat.

## 13.Surf and Turf on a Băț

**INGREDIENTE:**
- 1 lb homar (pregătit și fiert la abur)
- 1 lb muschi de friptura (crud)
- ardei rosu (crud)
- băț de foc de tabără

**INSTRUCȚIUNI:**

a)  Pur și simplu prăjiți pe foc, așa cum ați face cu o marshmallow și bucurați-vă de cel mai proaspăt surf și mai suculent gazon vreodată!

## 14. Ceviche de homar

**INGREDIENTE:**
- 2 cozi de homar
- 6 roșii romi
- ½ ceapă mov tăiată cubulețe
- 1 jalapeno taiat cubulete
- 1 castravete tocat
- 1 legătură de coriandru tocat
- 3 lime s-au suc
- 1 lingurita sare
- 1 lingurita sare de usturoi
- 1 lingurita condiment tajin picant
- ½ din bulionul de homar

**INSTRUCȚIUNI:**
a) Începeți prin a găti cozile de homar în apă clocotită timp de aproximativ 6 minute.
b) Scufundați imediat într-o baie de gheață. Cand s-au racit taiati-le marunt. Păstrați ½ cană de bulion și puneți-l la congelator să se răcească.
c) Începeți să tăiați cubulețe toate ingredientele și adăugați-le la homarul tocat.
d) Stoarce toate limele pe ceviche,
e) Adăugați condimente și supă de homar.
f) Verificați condimentele și adaptați-vă la gustul dvs.
g) Serviți peste coji de tostada, cu chipsuri sau biscuiți.
h) Îl poți acoperi cu avocado proaspăt.

## 15.Cârnați de homar

**INGREDIENTE:**
- 4 picioare carcase mici de porc
- 1½ kg file de pește alb, tăiat cubulețe
- ½ linguriță de semințe de muștar măcinate
- ½ lingurita coriandru macinat
- 1 lingurita Boia
- 1 lingurita suc de lamaie
- ½ lingurita piper alb
- 1 ou, batut
- ½ kilograme de carne de homar tocată grosier

**INSTRUCȚIUNI:**

a) Pregătiți carcasele. Pulsați peștele într-un robot de bucătărie până când este rupt, de 3-4 ori. Adăugați muștarul, coriandru, boia de ardei, sucul de lămâie, piper și oul.

b) Procesați până se omogenizează. Se pune amestecul intr-un bol de mixare si se adauga carnea de homar; amesteca bine.

c) Umpleți carcasele și răsuciți-le în zale de 3-4".

# 16. Coadă de homar cu fructe tropicale la grătar

## INGREDIENTE:

- 4 frigarui din bambus sau metal
- ¾ ananas auriu, decojit, dezlipit și tăiat în felii de 1 inch
- 2 banane, decojite și tăiate transversal în opt bucăți de 1 inch
- 1 mango, decojit, fără sâmburi și tăiat în cuburi de 1 inch
- 4 cozi de homar de stâncă sau cozi mari de homar din Maine
- ¾ cană Glazură dulce de soia
- cană de unt, topit
- 4 felii de lime

## INSTRUCȚIUNI:

a) Dacă gătiți la grătar cu frigărui de bambus, înmuiați-le în apă timp de cel puțin 30 de minute. Aprindeți un grătar pentru căldură moderată directă , aproximativ 350¼F.

b) Așezați alternativ bucățile de ananas, banane și mango pe frigărui, folosind aproximativ 2 bucăți din fiecare fruct per frigărui.

c) Fluture cozile homarului împărțind fiecare coadă pe lungime prin coaja de sus rotunjită și carne, lăsând intactă coaja de jos plată. Dacă coaja este foarte tare, folosiți foarfece de bucătărie pentru a tăia coaja rotunjită și un cuțit pentru a tăia carnea.

d) Deschideți ușor coada pentru a expune carnea.

e) Ungeți ușor glazura de soia peste frigăruile de fructe și carnea de homar. Ungeți grătarul și ungeți-l cu ulei. Puneți cozile homarului, cu carnea în jos, direct pe foc și grătar până când sunt bine marcate la grătar, 3 până la 4 minute. Apăsați cozile pe grătarul grătarului cu o spatulă sau clești pentru a ajuta la prăjirea cărnii. Întoarceți și grătar până când carnea devine fermă și albă, ungeți cu glazură de soia, încă 5 până la 7 minute.

f) Între timp, frigăruile de fructe la grătar alături de homar până când sunt bine marcate la grătar, aproximativ 3 până la 4 minute pe fiecare parte.

g) Serviți cu untul topit și felii de lime pentru stoarcere.

## 17. Plăcintă cu homar

**INGREDIENTE:**
- 6 linguri de unt
- 1 cană ceapă tocată
- ½ cană țelină tocată
- Sare; la gust
- Piper alb proaspăt măcinat; la gust
- 6 linguri Faina
- 3 căni de fructe de mare sau supă de pui
- 1 cană de lapte
- 2 căni de cartofi tăiați cubulețe; albit
- 1 cană morcovi tăiați cubulețe; albit
- 1 cană mazăre dulce
- 1 cana sunca copta taiata cubulete
- 1 kilogram de carne de homar; fierte, tăiate cubulețe
- ½ cană apă
- ½ Rețetă Crustă de plăcintă, întinsă la dimensiunea tigaii

**INSTRUCȚIUNI:**

a) Preîncălziți cuptorul la 375 de grade. Ungeți o tavă dreptunghiulară de sticlă. Într-o tigaie mare, topește untul. Se adaugă ceapa și țelina și se călesc timp de 2 minute. Asezonați cu sare și piper.

b) Se amestecă făina și se fierbe timp de aproximativ 3 până la 4 minute pentru un roux blond. Se amestecă bulionul și se aduce lichidul la fierbere.

c) Reduceți la fiert și continuați să gătiți timp de 8 până la 10 minute sau până când sosul începe să se îngroașe.

d) Amestecați laptele și continuați să gătiți timp de 4 minute. Asezonați cu sare și piper. Se ia de pe foc. Amestecați cartofii, morcovii, mazărea, șunca și homarul.

e) Asezonați cu sare și piper. Se amestecă bine umplutura. Dacă umplutura este prea groasă, adăugați puțină apă pentru a dilua umplutura. Turnați umplutura în tava pregătită. Pune crusta deasupra umpluturii.

f) Puneți cu grijă crusta suprapusă în tigaie, formând o margine groasă. Ungeți marginile tăvii și puneți-le pe o tavă de copt. Folosind un cuțit ascuțit și faceți mai multe fante în partea de sus a crustei.

g) Pune vasul la cuptor și coace pentru aproximativ 25 până la 30 de minute sau până când crusta este maro aurie și crocantă.

h) Scoateți din cuptor și răciți timp de 5 minute înainte de servire.

## 18.Rula de homar

**INGREDIENTE:**
- 4 uncii de carne de homar fiartă și tăiată cubulețe
- 1 chiflă din grâu integral
- ¼ cană țelină tăiată cubulețe
- ¼ cană ceapă roșie tăiată cubulețe
- 1 lingura de maioneza
- 1 lingura suc de lamaie
- piper negru proaspăt spart și sare

**INSTRUCȚIUNI:**
a) Într-un castron, combinați carnea de homar fiartă și tăiată cubulețe, țelina tăiată cubulețe și ceapa roșie tăiată cubulețe. Se amestecă bine pentru a distribui uniform ingredientele.
b) Într-un castron mic separat, amestecați maioneza, sucul de lămâie, piperul negru proaspăt spart și sarea. Acesta va fi dressingul pentru rulada de homar.
c) Turnați dressingul peste amestecul de homar și amestecați ușor până când toate ingredientele sunt acoperite în dressing. Reglați condimentele în funcție de preferințele dvs. de gust.
d) Preîncălziți o tigaie sau grătar la foc mediu. Ungeți ușor cu unt exteriorul chiflei integrale de hot dog de grâu.
e) Puneți chifla unsă cu unt în tigaie și prăjiți-o până devine maro auriu și ușor crocantă la exterior. Acest lucru va oferi ruloului de homar o textură delicioasă.
f) Odată ce chifla este prăjită, scoateți-o din tigaie și deschideți-o ca o chiflă hot dog, creând un buzunar pentru umplutura de homar.
g) Turnați amestecul de homar pregătit în chiflă, umplându-l cu generozitate. De asemenea, puteți adăuga o frunză de salată verde sau orice alt topping dorit, cum ar fi roșii feliate sau avocado.
h) Serviți rulada de homar imediat și bucurați-vă de acest delicios deliciu cu fructe de mare.

# 19.Branza la gratar cu crab si homar

**INGREDIENTE:**
- ½ cană de carne de homar fiartă
- ½ cană de carne de crab fiartă
- 2 linguri de unt sarat, topit
- 1 linguriță condiment Old Bay
- ½ lingurita de usturoi tocat
- 4 felii de pâine prăjită cu usturoi din Texas
- 4 felii groase de brânză cheddar ascuțită
- 4 felii groase de brânză Havarti

**INSTRUCȚIUNI:**
a) Într-un castron mare, aruncați homarul, crabul, untul topit, condimentul Old Bay și usturoiul. Se amestecă bine, apoi se lasă bolul pe o parte.
b) Așezați două felii de pâine prăjită Texas pe o farfurie și acoperiți fiecare cu o felie de cheddar și Havarti. Împărțiți amestecul de fructe de mare în jumătate și adăugați jumătate la fiecare felie de pâine prăjită. Acoperiți fructele de mare cu brânză rămasă și feliile de pâine.
c) Folosiți o presă de sandvici sau o tigaie fierbinte pentru a grătar fiecare parte a sandvișului până când devine maro auriu și brânza este topită. Serviți și bucurați-vă!

## 20. Homar Newburg

**INGREDIENTE:**
- 1 lb carne de homar, fiartă și tocată
- 4 linguri de unt nesarat
- 4 linguri de făină universală
- 1 cană lapte
- ½ cană smântână groasă
- ¼ cană de sherry uscat
- ½ lingurita sare
- ¼ lingurita de piper cayenne
- 4 gălbenușuri de ou, bătute
- ¼ cană pătrunjel tocat

**INSTRUCȚIUNI:**
a)  Topiți untul într-o cratiță mare la foc mediu.
b)  Se amestecă făina și se fierbe timp de 1-2 minute, amestecând continuu.
c)  Adăugați treptat laptele și smântâna groasă, amestecând continuu, până când amestecul este omogen.
d)  Adăugați sherry, sare și piper cayenne și amestecați pentru a se combina.
e)  Adăugați treptat gălbenușurile bătute, amestecând continuu.
f)  Gatiti amestecul la foc mic timp de 3-4 minute, sau pana se ingroasa.
g)  Se amestecă homarul tocat și pătrunjelul.
h)  Serviți fierbinte peste punctele de pâine prăjită.

## 21. Termidor de homar cu turmeric în sos

**INGREDIENTE:**
- 3 linguri de nuci caju nesarate, la inmuiat 10 minute
- 2 linguri migdale albite
- 1 lingurita Pasta de ghimbir-usturoi
- Ardei iute verzi Serrano, fără semințe și tocați
- 1 cană iaurt, bătut
- 1½ kilograme de carne de homar gătită
- 2 lingurițe de semințe de susan alb
- 3 linguri de unt clarificat
- ½ linguriță pudră de chili roșu
- 2 linguri de mac alb, inmuiate in apa
- ¼ de linguriță pudră de turmeric
- 1 baton de scortisoara
- 1 păstaie de cardamom negru, învinețită
- Sare de masa, dupa gust
- 1 linguriță amestec cald de condimente
- 1 frunză de dafin
- cuișoare
- 1 păstaie de cardamom verde, învinețită

**INSTRUCȚIUNI:**
a) Amestecă caju, semințele de mac, migdalele și semințele de susan într-un blender cu suficientă apă pentru a obține o pastă groasă. Pune deoparte.
b) Se încălzește untul într-o tigaie.
c) Adauga batonul de scortisoara, pastaia de cardamom negru, frunza de dafin, cuisoarele si pastaia verde de cardamom.
d) Adăugați pasta de ghimbir-usturoi, ardei iute verzi și pasta de nuci când condimentele încep să sfârâie.
e) Adăugați 1 lingură de apă pentru a opri sfârâitul.
f) Adăugați pudra de chili roșu, turmeric, iaurt, homar, sare și amestecul de condimente.
g) Adăugați homarul și prăjiți, amestecând continuu, până când homarul se încălzește bine.

## 22. Cuptor cu lemne Cozi de homar

**INGREDIENTE:**
- 2 coada homar s
- 3 linguri de unt, topit
- 1 lingurita sare
- 1 lingurita piper negru
- 1 lingurita praf de usturoi
- 1 lingurita boia
- 1 lingurita patrunjel proaspat, tocat
- 1 lingurita suc de lamaie

**INSTRUCȚIUNI:**

a) Tăiați de-a lungul mijlocului vârfului cochiliei, spre aripioarele cozii, cu o foarfecă curată sau foarfece de bucătărie, asigurându-vă că tăiați în linie dreaptă. Nu tăiați prin capătul cozii.

b) Separați carnea de cele două părți ale cojii cu o lingură, apoi ridicați carnea în sus și scoateți din coajă.

c) Așezați carnea peste cusătura unde se întâlnesc cele două coji, apoi apăsați cele două părți ale cojii împreună.

d) Tăiați o mică fante în mijlocul cărnii de homar pentru a permite stratului subțire de carne să se decojească peste margini. Acesta este modul în care coada homarului capătă aspectul său distinctiv.

e) Combinați untul, sarea, piperul, pudra de usturoi, boia de ardei, sucul de lămâie și pătrunjelul într-un castron mic, apoi ungeți uniform amestecul peste carnea homarului.

a) Puneți cozile de homar într-o tavă de fontă și coaceți în cuptorul cu lemne timp de 12-15 minute sau până când sunt complet fierte, dar nu sunt cauciucate.

## 23.homar cantonez

**INGREDIENTE:**
- 1 lb. Cozi de homar
- 1 cățel de usturoi, tocat
- 1 lingurita de soia neagra fermentata, clatita si scursa
- 2 linguri de ulei
- ¼ lb. Carne de porc măcinată
- 1 ½ cană apă fierbinte
- 1 ½ linguriță sos de soia
- 1 lingurita MSG (optional)
- 2 linguri amidon de porumb
- 2 linguri Sherry uscat
- 1 ou
- 2 linguri de apă

**A SERVI**
- Crengute de coriandru
- Bucle de ceapă verde
- Orez Konjac fiert sau orez conopidă

**INSTRUCȚIUNI:**
a) Pentru cele mai bune rezultate la prepararea acestui fel de mâncare chinezesc atractiv, gătiți bucățile de homar cât mai repede posibil. Oul batut adaugat in sos il face mai bogat si mai cremos.
b) Cu un cuțit ascuțit, scoateți carnea de homar din coajă și tăiați-o în medalioane. Tocați împreună usturoiul și soia neagră. Încinge uleiul într-un wok sau tigaie și adaugă amestecul de usturoi. Gatiti si amestecati cateva secunde. Adăugați carnea de porc și gătiți aproximativ 10 minute, amestecând pentru a rupe carnea. Adăuga
c) apă fierbinte, sos de soia și MSG. Adăugați medalioane de homar și gătiți timp de 2 minute. Se amestecă amidonul de porumb și sherry și se amestecă în sos. Bate oul cu 3 linguri de apa si amesteca cu sosul. Gatiti la foc mic timp de 30 de secunde, amestecand continuu. Sosul trebuie să fie cremos, dar nu greu. Se pune sosul în centrul platoului. Aranjați medalioane în sos într-un model decorativ. Garnitură
d) cu coriandru și bucle de ceapă verde. Pentru fiecare porție, puneți câteva medalioane de homar peste orez Konjac într-un castron.
e) Se pune sos peste homar.

## 24. Cozi de homar cu unt de citrice

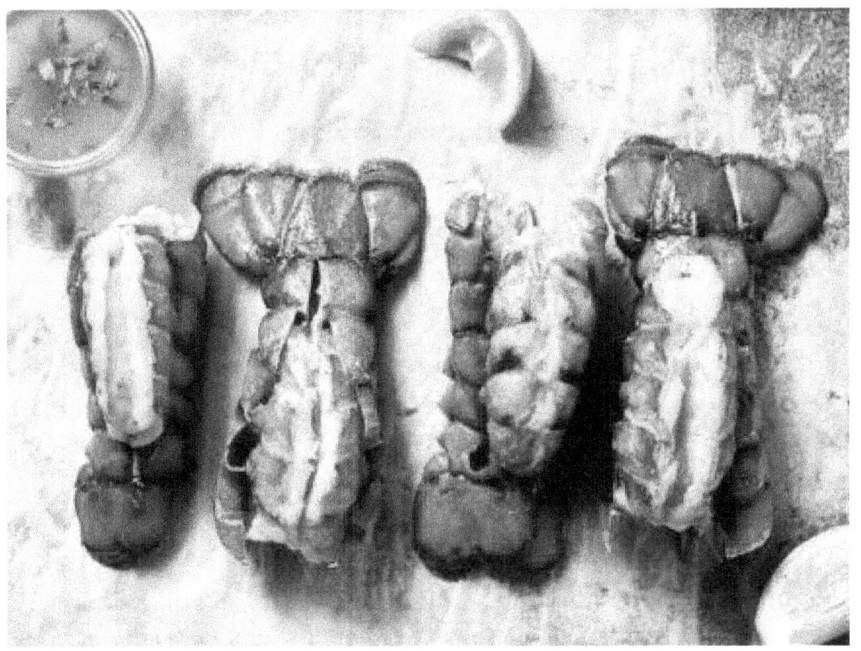

**INGREDIENTE:**
- 16 uncii Cozi de homar , dezghețate
- ½ cană apă
- ¼ cană unt sau margarină
- 1 lingura suc de lamaie
- ½ lingurita Coaja de portocala maruntita
- ⅛ linguriță de sare
- Dash Ground Ginger
- Dash Paprika

**INSTRUCȚIUNI:**
a) Deschideți cozile, în stil fluture, astfel încât carnea să fie deasupra. Întoarceți-vă într-un vas de copt puțin adânc. Se toarnă apă deasupra. Se gătește micro, acoperit, la 50% putere, timp de 6 până la 8 minute sau doar până când carnea devine opaca, rotind vasul cu un sfert de tură în fiecare minut
b) Se lasa sa stea, acoperit, timp de 5 minute
c) Între timp, combinați untul sau margarina, sucul de lămâie, coaja de portocală, sarea, ghimbirul și boia de ardei. Se gătește, neacoperit, la 100% putere, timp de 1½ până la 2 minute sau până când untul este topit
d) Amesteca bine. Stropiți cozile de homar cu amestec de unt.

## 25.Ceai negru de lychee homar afumat

**INGREDIENTE:**
- 2 homari din Maine
- 2 căni orez alb
- 2 căni zahar brun
- 2 căni Ceai negru de lichi
- 2 Mango copt
- ½ cană bastoane Jicama
- ½ cană Sifonada de menta
- ½ cană Sifonada de busuioc
- 1 cană Fire de fasole mung, albite
- Sos de pește de crab
- 8 Foi de hârtie de orez

**INSTRUCȚIUNI:**
a) Preîncălziți tigaia adâncă de hotel până când este foarte fierbinte.
b) Adăugați orezul, zahărul și ceaiul în tigaia adâncă și puneți imediat homarul în tigaia perforată puțin adâncă deasupra.
c) Sigilați rapid cu folie de aluminiu. Când afumătorul începe să fumeze, afumați homarul timp de 10 minute la foc mic sau până când este fiert. Răciți homarul apoi tăiați cozile în fâșii lungi.
d) Combinați jicama, menta, busuiocul și firul de fasole și amestecați cu sosul de pește.
e) Înmuiați hârtie de orez în apă caldă și puneți câteva dintre amestecuri pe hârtie înmuiată. Fâșii de homar afumat și felii de mango.
f) Rulați și lăsați să stea 10 minute. Înfășurați strâns rolele individual cu folie de plastic pentru a asigura păstrarea umidității.

## 26.Risotto cu homar cu curry

**INGREDIENTE:**
- 2 cozi de homar
- 1 ½ cană de orez Arborio
- 4 căni de fructe de mare sau bulion de legume
- 1 ceapa medie, tocata marunt
- 3 catei de usturoi, tocati
- 2 linguri ulei de masline
- 1 lingură pudră de curry
- 1 cană de vin alb sec
- 1 cană parmezan ras
- 2 linguri de unt
- Sare si piper dupa gust
- Coriandru sau pătrunjel proaspăt, tocat (pentru garnitură)

**INSTRUCȚIUNI:**

a) Gătiți cozile de homar în apă clocotită cu sare până când cojile devin roșii aprinse și carnea este gătită. Scoateți carnea de homar din coji și tăiați-o în bucăți mici. Pus deoparte.

b) Într-o cratiță mare, încălziți uleiul de măsline la foc mediu. Adăugați ceapa tocată și usturoiul tocat și căleți până când ceapa devine translucidă și aromată.

c) Adăugați pudra de curry și gătiți încă un minut pentru a-și elibera aroma.

d) Adăugați orezul Arborio în cratiță și amestecați pentru a acoperi boabele cu amestecul de ceapă, usturoi și curry.

e) Se toarnă vinul alb și se amestecă până se absoarbe de orez.

f) Începeți să adăugați bulionul, câte o oală, amestecând continuu și lăsând să fie absorbit fiecare adaos înainte de a adăuga mai mult.

g) Continuați acest proces până când orezul este gătit al dente și are o textură cremoasă (de obicei durează aproximativ 20-25 de minute).

h) Se amestecă parmezanul ras și untul și se condimentează cu sare și piper după gust. Amestecați bine până când brânza și untul s-au topit și s-au încorporat în risotto.

i) Încorporați ușor carnea de homar gătită, asigurându-vă că este distribuită uniform în risotto. Gătiți încă 2-3 minute până când homarul este încălzit.

j) Luați de pe foc și lăsați risottoul să se odihnească câteva minute.

k) Serviți risotto de homar cu curry în boluri, ornat cu coriandru proaspăt sau pătrunjel.

## 27.Macacar cu homar și brânză

**INGREDIENTE:**
- 1 lingura ulei de masline
- 3 cozi de homar, despicate in jumatate pe lungime si devenate
- 3 linguri de unt
- 2 linguri de faina
- 1 ½ cană jumătate și jumătate
- ½ cană lapte
- ¼ linguriță boia
- ¼ linguriță de pudră de chili
- Sarat la gust
- ¼ linguriță sos Worcestershire
- ½ cană brânză Cheddar rasă
- 3 linguri, brânză Gruyere rasă
- 1 cană macaroane coate preparate
- ½ cană de pesmet Panko
- ¼ cană unt topit
- 5 linguri de parmezan ras

**INSTRUCȚIUNI**
a) Preîncălziți cuptorul la 400 de grade.
b) Ungeți două vase gratinate cu spray antiaderent
c) Se încălzește uleiul într-o tigaie și se rumenesc cozile de homar timp de 2 minute la foc mediu.
d) Lasam homarii sa se raceasca si separam carnea de coji.
e) Tăiați carnea și aruncați cojile.
f) Folosiți aceeași tigaie pentru a topi untul.
g) Creați un roux amestecând făina și continuați să amestecați timp de 1 minut.
h) Se toarnă jumătate și jumătate și lapte și continuă să amesteci timp de 3 minute.
i) Lăsați lichidul să fiarbă și adăugați boia de ardei, pudra de chili, sarea și sosul Worcestershire.
j) Lasă să fiarbă timp de 4 minute.
k) Adăugați brânzeturile cheddar și gruyere și amestecați timp de 5 minute, până când brânza se topește.
l) Adăugați macaroanele în sosul de brânză și amestecați ușor bucățile de homar.
m) Umpleți ambele vase gratinate cu amestecul de mac și brânză.
n) Combinați Panko, untul topit și parmezanul într-un castron.
o) Stropiți amestecul peste mac și brânză.
p) Coaceți macaronul cu brânză timp de 15 minute.

## 28. Lasagna cu homar și creveți

**INGREDIENTE:**
- 9 taitei lasagna
- 1 kilogram de carne de homar fiartă, tocată
- 1 kg de creveți fierți, curățați și devenați
- 2 linguri de unt
- ½ cană ceapă tocată
- 2 catei de usturoi, tocati
- ¼ cană făină universală
- 2 cani de lapte
- 1 cană bulion de fructe de mare
- 1 cană de brânză mozzarella măruntită
- ½ cană parmezan ras
- ¼ cană pătrunjel proaspăt tocat
- Sare si piper dupa gust

**INSTRUCȚIUNI:**

a) Preîncălziți cuptorul la 375 ° F (190 ° C) și ungeți ușor o tavă de copt de 9 x 13 inci.

b) Gătiți tăițeii lasagna conform instrucțiunilor de pe ambalaj. Scurgeti si puneti deoparte.

c) Într-o tigaie mare, topește untul la foc mediu. Adăugați ceapa tocată și usturoiul tocat și căleți până se înmoaie.

d) Se presara faina peste amestecul de ceapa si usturoi si se fierbe 1-2 minute, amestecand continuu. Adăugați treptat laptele și bulionul de fructe de mare. Continuați să gătiți până când sosul se îngroașă.

e) Se amestecă brânza mozzarella mărunțită și parmezanul ras până se topește și se omogenizează.

f) Adăugați în sos carnea tocată de homar, creveții fierți și pătrunjelul tocat. Se condimenteaza cu sare si piper dupa gust. Se amestecă pentru a combina.

g) Întindeți un strat subțire de sos de fructe de mare pe fundul vasului de copt. Pune trei tăiței lasagna deasupra.

h) Întindeți un strat din amestecul de fructe de mare peste tăiței. Repetați straturile cu trei tăiței lasagna și mai mult amestec de fructe de mare.

i) Acoperiți cu restul de trei tăiței lasagna și turnați deasupra sosul de fructe de mare rămas.

j) Deasupra se presara parmezan ras suplimentar.

k) Acoperiți tava de copt cu folie și coaceți timp de 25 de minute.

l) Scoateți folia și coaceți încă 10 minute până când brânza este topită și clocotește.

m) Se lasa sa se raceasca cateva minute inainte de servire.

## 29.Caserolă cu tăiței de homar

**INGREDIENTE:**
- 2 homari proaspeți
- 3 linguri sare
- ½ lingurita sare
- 3 linguri de unt
- 1 eșalotă
- 1 lingura pasta de rosii
- 3 catei de usturoi
- ¼ c. coniac
- ½ c. smantana
- linguriță de piper negru proaspăt măcinat
- ½ lb. tăiței cu ou
- 1 lingura suc proaspat de lamaie
- 6 crengute de cimbru

## INSTRUCȚIUNI:
a) Gatiti homarii:
b) Umpleți până la jumătate un castron mare cu gheață și apă și lăsați deoparte. Aduceți la fiert o oală mare cu apă și 3 linguri de sare și scufundați homarii, cu capul înainte, în apă cu un cleşte cu mâner lung. Reduceți focul la mic și gătiți, acoperit, timp de 4 minute. Scurgeti homarii si puneti-i in baia de gheata pregatita pentru a se raci. Spargeți cojile și îndepărtați coada și carnea cu gheare. Rezervați scoicile. Tăiați carnea de coadă în medalioane groase de ½ inch și carnea ghearelor în bucăți mari și lăsați deoparte.
c) Coaceți caserole:
d) Preîncălziți cuptorul la 350°F. Acoperiți usor patru vase de copt cu o capacitate de 1 cană sau un vas rotund de 9 inci cu 1 lingură de unt și lăsați deoparte. Topiți untul rămas într-o tigaie medie la foc mediu.
e) Adăugați șalota și gătiți până se înmoaie. Adăugați cojile rezervate, pasta de roșii și usturoiul și gătiți, amestecând continuu, timp de 5 minute.
f) Scoateți tigaia de pe foc și adăugați coniacul. Reveniți la foc și aduceți amestecul la fierbere, amestecând continuu. Reduceți căldura la mediu-scăzut, adăugați 1 ½ cană de apă și fierbeți până se îngroașă ușor -- aproximativ 15 minute. Strecurați amestecul și adăugați smântâna, restul de sare și piper.
g) Adăugați tăițeii cu ou, carnea de homar și sucul de lămâie și amestecați. Împărțiți amestecul în mod egal între vasele de copt pregătite, acoperiți cu folie și coaceți până când homarul este gătit și tăițeii sunt fierbinți - aproximativ 20 de minute.
h) Se ornează cu crenguțe de cimbru și se servește imediat.

# 30.Caserolă cu paste cu fructe de mare

**INGREDIENTE:**
- ¼ cană ulei de măsline
- 1 kilogram de sparanghel proaspăt, tăiat și tăiat în bucăți de 1 inch
- 1 cana ceapa verde tocata
- 1 lingura. usturoi tocat
- 16 uncii pachet. taitei linguine, fierti si scursi
- 1 kilogram de creveți medii, fierți, curățați și devenați
- 8 uncii de carne de crab, gătită
- 8 uncii homar proaspăt, gătit
- Cutie de 8 uncii de măsline negre, scurse

**INSTRUCȚIUNI:**
a) Preîncălziți cuptorul la 350°. Pulverizați un vas de 4 litri cu spray de gătit antiaderent. Intr-o tigaie la foc mediu, adauga uleiul de masline.
b) Când uleiul este fierbinte, adăugați sparanghelul, ceapa verde și usturoiul. Se caleste timp de 5 minute.
c) Luați tigaia de pe foc și adăugați legumele și uleiul de măsline în tava.
d) Adăugați tăițeii linguine, crabul, homarul și măslinele negre în vasul de caserolă.
e) Se amestecă până se combină. Coaceți timp de 30 de minute sau până când caserola este fierbinte.
f) Scoateți din cuptor și serviți.

# 31. Paste papion cu homar și anghinare

**INGREDIENTE:**
- 8 uncii de paste cu papion
- 2 cozi de homar, fierte si carnea scoasa
- 1 cană inimioare de anghinare, scurse și tocate
- 2 linguri de unt
- 2 catei de usturoi, tocati
- ½ cană supă de pui sau legume
- ½ cană smântână groasă
- ¼ cană parmezan ras
- 1 lingura suc proaspat de lamaie
- Sare si piper dupa gust
- Pătrunjel proaspăt, tocat (pentru garnitură)

**INSTRUCȚIUNI:**

a) Gatiti pastele cu papion conform instructiunilor de pe ambalaj pana al dente. Scurgeti si puneti deoparte.

b) Într-o tigaie mare, topește untul la foc mediu. Se adauga usturoiul tocat si se caleste aproximativ un minut pana se parfumeaza.

c) Adăugați inimioarele de anghinare în tigaie și gătiți timp de 2-3 minute, amestecând din când în când.

d) Adăugați carnea de homar în tigaie și gătiți încă 2 minute, amestecând ușor pentru a se combina cu anghinarea.

e) Se toarnă bulionul de pui sau de legume și se lasă la fiert. Se lasa sa fiarba cateva minute pana cand bulionul scade putin.

f) Reduceți focul la mic și adăugați smântâna groasă, parmezanul și sucul de lămâie. Se condimenteaza cu sare si piper dupa gust. Fierbeți ușor timp de 3-4 minute, permițând aromelor să se îmbine.

g) Adăugați pastele fierte cu papion în tigaie și amestecați totul până când pastele sunt bine acoperite cu sos.

h) Se ia de pe foc si se orneaza cu patrunjel tocat.

i) Serviți imediat pastele cu papion cu homar și anghinare, cât sunt încă fierbinți. Il poti insoti cu o salata sau cu crusta de paine.

# 32. Ravioli de crustacee în bulion de șofran

**INGREDIENTE:**
- ¾ de kilograme de carne de homar
- 4 ouă
- ¼ cană smântână grea
- ½ cană pesmet moale de pâine albă
- ½ lingurita Sare
- ½ linguriță piper alb proaspăt măcinat
- 2 linguri frunze de tarhon proaspete tocate
- 1 pachet de ambalaje Wonton
- 4 căni bulion de pește
- ½ linguriță fire de șofran
- 1 roșie mică până la medie, tăiată cubulețe
- Ierburi proaspete tocate, cum ar fi tarhonul sau arpagicul

**INSTRUCȚIUNI:**
a) Într-un robot de bucătărie puneți carnea de homar și 3 ouă.
b) Pulsați cu o lamă de metal până când fructele de mare sunt tocate grosier. Răzuiți părțile laterale.
c) Adăugați smântâna, pesmetul, sare și piper și amestecați. Nu supraprocesați crema, altfel va deveni granuloasă sau chiar se va transforma în unt.
d) Scoateți amestecul într-un bol și adăugați frunzele de tarhon tocate, amestecându-le cu o spatulă.
e) Așezați 1 piele wonton pe o placă. Folosind o pungă de patiserie sau o linguriță, puneți aproximativ 1 linguriță de umplutură în centru. Într-un castron mic combinați oul rămas cu 3 linguri de apă. Ungeți o a doua coajă de wonton cu amestecul de ou-spalare și puneți-o peste umplutură, apăsând ușor cu degetele pentru a elimina orice aer prins și a sigila marginile coajelor de wonton.
f) Ravioli nefierți pot fi păstrați într-un recipient acoperit până la 2 zile la frigider, sau câteva săptămâni în congelator. Pentru a îngheța, așezați ravioli într-un singur strat pe o tavă tapetată cu hârtie cerată și puneți-le la congelator până se îngheață. Acestea pot fi apoi îndepărtate și depozitate într-o pungă de patiserie.
g) Într-o cratiță, aduceți bulionul de pește la fiert, reduceți focul la fiert și adăugați șofranul. Continuați să fierbeți timp de 5 minute în timp ce începeți să gătiți ravioli.
h) Pentru a găti, puneți ravioli în apă clocotită cu sare și continuați să fierbeți până când încep să plutească (aproximativ 2 până la 3 minute pentru ravioli proaspete, 5 până la 6 minute pentru cele congelate).
i) Scurgeți și împărțiți în 4 boluri. Adăugați ½ cană bulion de pește în fiecare vas, apoi garniți cu puțină roșii tăiate cubulețe și câteva ierburi proaspete tocate, cum ar fi tarhon sau arpagic.
j) Se serveste fierbinte.

## 33.Tocană chinezească de homar

**INGREDIENTE:**
- 2 homari vii (aproximativ 1,5 lire fiecare)
- 2 linguri ulei vegetal
- 2 catei de usturoi, tocati
- Bucată de ghimbir de 1 inch, curățată și rasă
- 1 ceapă, feliată subțire
- 1 ardei gras rosu, feliat subtire
- 1 ardei gras verde, feliat subțire
- 1 morcov, feliat subțire
- 1 cană supă de pui
- 2 linguri sos de soia
- 1 lingura sos de stridii
- 1 lingura amidon de porumb, dizolvat in 2 linguri apa
- 1 lingura ulei de susan
- Sare si piper dupa gust
- Ceapa verde tocata pentru decor

**INSTRUCȚIUNI:**

a) Pregătiți homarii punându-i la congelator pentru aproximativ 20-30 de minute. Acest lucru va ajuta să le sedați înainte de a le găti.
b) Umpleți o oală mare cu apă și aduceți-o la fiert. Adăugați sare în apa clocotită.
c) Pune homarii cu grijă în apă clocotită și gătește aproximativ 8-10 minute, sau până când cojile devin roșii aprinse.
d) Scoateți homarii din oală și lăsați-i să se răcească puțin. După ce s-a răcit, scoateți carnea de pe coji și tăiați-o în bucăți mici. Pus deoparte.
e) Într-un wok mare sau o tigaie, încălziți uleiul vegetal la foc mediu.
f) Adăugați usturoiul tocat și ghimbirul ras în uleiul încins și prăjiți timp de aproximativ 1 minut, până se parfumează.
g) Adăugați în wok ceapa tăiată felii, ardeiul gras roșu și verde și morcovul. Se prăjește timp de 2-3 minute până când legumele se înmoaie puțin.
h) Într-un castron mic, amestecați bulionul de pui, sosul de soia și sosul de stridii. Turnați acest amestec în wok cu legumele.
i) Aduceți amestecul la fiert și lăsați-l să fiarbă aproximativ 5 minute pentru a permite aromelor să se îmbine.
j) Se amestecă amestecul de amidon de porumb dizolvat pentru a îngroșa sosul.
k) Adăugați carnea de homar fiartă în wok și amestecați ușor pentru a se combina.
l) Gatiti inca 2-3 minute, pana cand homarul este incalzit.
m) Stropiți uleiul de susan peste tocană și asezonați cu sare și piper după gust.
n) Se orneaza cu ceapa verde tocata.
o) Servește tocanita chinezească de homar fierbinte cu orez sau tăiței la abur.
p) Bucurați-vă de aromele delicioase ale acestui preparat aromat și reconfortant de homar de inspirație chineză.

## 34.Homar-Bisque de rosii

**INGREDIENTE:**
- 1 lingura ulei de masline
- 4–6 căței de usturoi, tăiați mărunt
- 1 tulpină de țelină, tocată mărunt
- 1 ceapă albă dulce mică, tocată mărunt
- 1 roșie medie, tăiată cubulețe
- homar de 1½–1¾ de kilogram
- 2 cani de lapte integral
- 1 cană sos de roșii
- ½ cană smântână groasă
- ½ cană bulion de pește
- 4 linguri (½ baton) unt nesarat
- 2 linguri patrunjel proaspat tocat marunt
- 1 lingurita piper negru proaspat macinat

**INSTRUCȚIUNI:**

a) Încinge uleiul într-o cratiță mare la foc mediu-mare. Adăugați usturoiul, țelina și ceapa și gătiți, amestecând, timp de 8 până la 10 minute. Adăugați roșiile.

b) Pune homarul pe spate pe o placă de tăiat. Faceți o incizie în centrul cozii aproape până la vârf, fără a tăia coaja; despica coada.

c) Prăjiți homarul timp de 15 până la 18 minute, cu coaja în jos, cu capacul închis. Transferați homarul de pe grătar înapoi pe o masă de tăiat și îndepărtați carnea și tomalley. Aruncați coaja și lăsați carnea deoparte.

d) Aduceți laptele, sosul de roșii, smântâna, bulionul și untul la fiert într-o cratiță cu legumele. Reduceți căldura la minim. Se fierbe timp de 10 minute, amestecând des.

e) Adăugați carnea de homar și tomalley și pătrunjelul și ardeiul. Acoperiți și fierbeți la foc mic posibil timp de 4 până la 5 minute.

## 35.Buton ciuperci și homar

**INGREDIENTE:**
- 2 cozi de homar, fierte si carnea scoasa
- 8 uncii ciuperci buton, feliate
- 2 linguri de unt
- 2 catei de usturoi, tocati
- ¼ cană vin alb sec
- ½ cană supă de pui sau legume
- ½ cană smântână groasă
- 1 lingura suc proaspat de lamaie
- Sare si piper dupa gust
- Pătrunjel proaspăt, tocat (pentru garnitură)

**INSTRUCȚIUNI:**
a) Într-o tigaie mare, topește untul la foc mediu. Se adauga usturoiul tocat si se caleste aproximativ un minut pana se parfumeaza.

b) Adăugați ciupercile butoane feliate în tigaie și gătiți timp de 4-5 minute, amestecând din când în când, până devin aurii și fragede.

c) Se toarnă vinul alb și se deglazează tigaia, răzuind orice bucăți rumenite de pe fund. Lăsați vinul să fiarbă un minut sau două pentru a reduce puțin.

d) Adăugați bulionul de pui sau de legume în tigaie și aduceți la fiert. Gatiti 2-3 minute pentru a permite aromelor sa se topeasca.

e) Reduceți focul la mic și adăugați smântâna groasă și sucul de lămâie. Se condimenteaza cu sare si piper dupa gust. Se fierbe usor timp de 3-4 minute, lasand sosul sa se ingroase putin.

f) Adăugați carnea de homar fiartă în tigaie și amestecați ușor pentru a o combina cu ciupercile și sosul. Lasă-l să se încălzească un minut sau două.

g) Se ia de pe foc si se orneaza cu patrunjel tocat.

h) Serviți imediat ciupercile și homarul, cât este încă fierbinte. Acest fel de mâncare se potrivește bine cu orezul aburit, pâinea sau paste.

## 36.Salată de homar și mango

**INGREDIENTE:**
- 2 cozi de homar, fierte si carnea scoasa
- 1 mango copt, tăiat cubulețe
- ¼ cană ardei gras roșu, tăiat cubulețe
- ¼ cană castraveți, tăiați cubulețe
- 2 linguri de menta proaspata tocata
- Suc de 1 lime
- 1 lingura miere
- Sare si piper dupa gust
- Frunze de salată verde pentru servire

**INSTRUCȚIUNI:**
a) Tăiați carnea homarului în bucăți mici.
b) Într-un castron, combinați mango cubulețe, ardeiul gras roșu, castraveții și menta tocată.
c) Adăugați carnea de homar tocată în bol.
d) Într-un castron mic separat, amestecați sucul de lămâie, mierea, sarea și piperul.
e) Turnați dressingul peste amestecul de homar și amestecați ușor pentru a se acoperi.
f) Serviți salata de homar și mango pe frunze de salată verde.
g) Bucurați-vă de aromele dulci și acidulate ale acestei salate de homar de inspirație tropicală.

# 37. Salata Caesar de homar

**INGREDIENTE:**
- 2 cozi de homar, fierte si carnea scoasa
- 4 cani de salata romana tocata
- ¼ cană parmezan ras
- ¼ cană crutoane
- Pansament Caesar pentru servire

**INSTRUCȚIUNI:**

a) Tăiați carnea homarului în bucăți mici.

b) Într-un castron mare, combinați salata romană tocată, parmezanul ras și crutoanele.

c) Adăugați carnea de homar tocată în bol.

d) Stropiți cu dressing Caesar sau serviți dressingul în lateral.

e) Amestecați ingredientele împreună chiar înainte de servire pentru a combina aromele.

f) Bucurați-vă de combinația dintre carnea bogată de homar cu aromele clasice ale unei salate Caesar.

## 38. Chiffonada de homar

**INGREDIENTE:**
- 2 cozi de homar, fierte si carnea scoasa
- Ierburi proaspete la alegere (cum ar fi busuioc, tarhon sau arpagic)
- rondele de lămâie (pentru servire)

**INSTRUCȚIUNI:**
a) Luați carnea de homar fiartă și îndepărtați orice coji sau cartilaj. Asigurați-vă că carnea homarului este gătită și răcită.
b) Luați carnea de homar și tăiați-o cu grijă în fâșii subțiri. Puteți folosi un cuțit ascuțit sau foarfece de bucătărie pentru a realiza acest lucru.
c) Selectați ierburile proaspete dorite, cum ar fi busuiocul, tarhonul sau arpagicul, care completează bine aroma homarului. Stivuiți frunzele ierburilor una peste alta.
d) Rulați strâns ierburile stivuite într-o formă de trabuc.
e) Folosind un cuțit ascuțit, feliați ierburile rulate în fâșii subțiri. Acest lucru va crea o chiffonada de ierburi.
f) Combinați chiffonada de homar și chiffonada de plante într-un castron, amestecându-le ușor împreună.
g) Serviți chiffonada de homar și ierburi ca topping sau garnitură pentru diverse feluri de mâncare. Poate fi folosit pentru a îmbunătăți salate, mâncăruri de paste sau preparate din fructe de mare.
h) Stoarceți suc proaspăt de lămâie peste chiffonada de homar înainte de servire pentru a adăuga luminozitate și a spori aromele.

# 39. Tabbouleh de homar cu busuioc

**INGREDIENTE:**
- 2 cozi de homar
- 1 cană de grâu bulgur
- 2 căni de apă clocotită
- 1 cană de roşii cherry, tăiate la jumătate
- 1 castravete, taiat cubulete
- ½ ceapa rosie, tocata marunt
- ½ cană frunze de busuioc proaspăt, tocate
- ¼ cană pătrunjel proaspăt, tocat
- ¼ cană frunze de mentă proaspătă, tocate
- Suc de 1 lămâie
- 3 linguri ulei de măsline extravirgin
- Sare si piper dupa gust

**INSTRUCȚIUNI:**

a) Gătiți cozile de homar în apă clocotită cu sare până când cojile devin roșii aprinse și carnea este gătită. Scoateți carnea de homar din coji și tăiați-o în bucăți mici. Pus deoparte.

b) Puneți grâul bulgur într-un castron mare și turnați peste el apa clocotită. Acoperiți vasul cu un prosop curat de bucătărie și lăsați grâul bulgur la macerat aproximativ 20 de minute până devine fraged.

c) Scurgeți orice exces de apă din grâul bulgur și transferați-l într-un bol de servire.

d) Adaugam rosiile cherry, castravetele taiati cubulete, ceapa rosie tocata marunt, frunzele de busuioc tocate, patrunjelul tocat si frunzele de menta tocate in vasul cu grau bulgur.

e) Într-un castron mic, amestecați sucul de lămâie, uleiul de măsline extravirgin, sare și piper. Se toarnă dressingul peste amestecul de tabbouleh și se amestecă totul împreună până se omogenizează bine.

f) Încorporați ușor carnea tocată de homar, asigurându-vă că este distribuită uniform în tabuleh.

g) Lăsați taboulehul să stea aproximativ 10-15 minute pentru a permite aromelor să se topească.

h) Chiar înainte de servire, dați tabouleh-ului o ultimă aruncare pentru a încorpora orice dressing care s-ar fi putut așeza pe fundul bolului.

i) Ornați tabouleh-ul de homar cu frunze suplimentare de busuioc proaspăt.

j) Serviți tabouleh de homar ca fel principal răcoritor sau garnitură delicioasă. Se asortează bine cu fructe de mare sau pui la grătar.

# CREVETĂ

## 40.Mușcături de Bouillabaisse

**INGREDIENTE:**
- 24 de creveți medii, curățați și Deveined
- 24 de scoici medii
- 2 cani de sos de rosii
- 1 cutie Scoici tocate (6-½ oz)
- 1 lingura Pernod
- 20 mililitri
- 1 frunză de dafin
- 1 lingurita Busuioc
- ½ lingurita Sare
- ½ linguriță de piper proaspăt măcinat
- Usturoi, tocat
- Șofran

**INSTRUCȚIUNI:**
a) Frigarui creveti si scoici pe frigarui de bambus de 8 inch, folosind 1 creveti si 1 scoici pe frigarui; înfășurați coada creveților în jurul scoicii.
b) Amestecă într-o cratiță sosul de roșii, scoici, Pernod, usturoi, dafin, busuioc, sare, piper și șofran. Aduceți amestecul la fiert.
c) Aranjați peștele frigaruit într-un vas de copt puțin adânc.
d) Stropiți sos peste frigărui. Se coace, neacoperit, la 350 de grade timp de 25 de minute.

# 41. Linguine și scampi de creveți

**INGREDIENTE:**
- 1 pachet paste linguine
- ¼ cană unt
- 1 ardei gras rosu tocat
- 5 catei de usturoi tocati
- 45 de creveți mari cruzi decojiți și devenați ½ cană de vin alb uscat ¼ cană bulion de pui
- 2 linguri suc de lamaie
- ¼ cană de unt
- 1 lingurita fulgi de ardei rosu macinati
- ½ linguriță de șofran
- ¼ cană pătrunjel tocat
- Sarat la gust

**INSTRUCȚIUNI:**
a) Gatiti pastele conform Instructiunilor de pe ambalaj, care ar trebui sa dureze aproximativ 10 minute.
b) Scurgeți apa și lăsați-o deoparte.
c) Într-o tigaie mare, topește untul.
d) Fierbeți ardeii gras și usturoiul într-o tigaie timp de 5 minute.
e) Adaugati crevetii si continuati sa caliti inca 5 minute.
f) Scoateți creveții într-un platou, dar păstrați usturoiul și ardeiul în tigaie.
g) Aduceți la fiert vinul alb, bulionul și sucul de lămâie.
h) Întoarceți creveții în tigaie cu alte 14 căni de mai bun.
i) Adăugați fulgii de ardei roșu, șofranul și pătrunjelul și asezonați după gust cu sare.
j) Se fierbe timp de 5 minute după ce le-am amestecat cu pastele.

## 42. Creveți a la Plancha peste pâine prăjită Allioli cu șofran

## INGREDIENTE:
### ALLIOLI
- 1 praf mare de sofran
- 1 galbenus de ou mare
- 1 catel de usturoi, tocat marunt
- 1 lingurita sare kosher
- 1 cană ulei de măsline extravirgin, de preferință spaniol
- 2 lingurite suc de lamaie, plus mai mult daca este nevoie

### CREVETĂ
- Patru felii de pâine de țară de ½ inch grosime
- 2 linguri ulei de măsline extravirgin de bună calitate, de preferință spaniol
- 1½ kilograme jumbo
- 20 de număr de creveți cu coajă
- Sare cușer
- 2 lămâi tăiate la jumătate
- 3 catei de usturoi, tocati marunt
- 1 lingurita piper negru proaspat macinat
- 1 cană de sherry uscat
- 2 linguri patrunjel cu frunze plate tocat grosier

## INSTRUCȚIUNI:

a) Pregătiți aioli: Într-o tigaie mică, pusă la foc mediu, prăjiți șofranul până devine casant, 15 până la 30 de secunde.

b) Întoarceți-l pe o farfurie mică și zdrobiți-l cu dosul unei linguri. Într-un castron mediu, adăugați șofranul, gălbenușurile de ou, usturoiul și sarea și amestecați energic până se combină bine.

c) Începeți să adăugați uleiul de măsline câteva picături pe rând, amestecând bine între adăugiri, până când aioliul începe să se îngroașe, apoi stropiți uleiul rămas în amestec într-un flux foarte lent și constant, amestecând aioli până devine gros și cremos.

d) Adăugați sucul de lămâie, gustați și ajustați cu mai multă zeamă de lămâie și sare după cum este necesar. Transferați într-un castron mic, acoperiți cu folie de plastic și puneți la frigider.

e) Pregătiți pâinea prăjită: reglați un grătar de cuptor în poziția cea mai de sus și broilerul la sus. Așezați feliile de pâine pe o foaie de copt cu ramă și ungeți ambele părți ale pâinii cu 1 lingură de ulei.

f) Pâinea prăjită până se rumenește, aproximativ 45 de secunde. Întoarceți pâinea și prăjiți cealaltă parte (vizionați cu atenție broilerul, deoarece intensitatea broilerului variază), timp de 30 până la 45 de secunde mai mult. Scoateți pâinea din cuptor și puneți fiecare felie pe o farfurie.

g) Într-un castron mare, puneți creveții. Folosește un cuțit de toaletă pentru a face o fante mică în spatele curbat al creveților, îndepărtând vena (dacă există) și lăsând coaja intactă. Se încălzește o tigaie mare, cu fundul greu, la foc mediu-mare, până când aproape se afumă, 1½ până la 2 minute.

h) Adăugați 1 lingură rămasă de ulei și creveții. Peste creveți se presară un praf bun de sare și zeama de la jumătate de lămâie și se gătesc până când creveții încep să se onduleze, iar marginile cojii se rumenesc 2-3 minute.

i) Folosiți clește pentru a întoarce creveții, stropiți cu mai multă sare și sucul de la o altă jumătate de lămâie și gătiți până când creveții devin roz strălucitor, cu aproximativ 1 minut mai mult. Faceți o adâncitură în centrul tigaii și adăugați usturoiul și piperul negru; odată ce usturoiul este parfumat, după aproximativ 30 de secunde, se adaugă sherry, se aduce la foc mic și se amestecă amestecul de usturoi-sherry în creveți.

j) Gătiți, amestecând și răzuind bucățile maro de pe fundul tigaii în sos. Opriți focul și stoarceți zeama de la o altă jumătate de lămâie. Tăiați jumătate de lămâie rămasă în felii.

k) Întindeți partea superioară a fiecărei felii de pâine cu o lingură generoasă de aioli cu șofran. Împărțiți creveții în farfurii și turnați puțin sos peste fiecare porție. Se presara patrunjel si se serveste cu felii de lamaie.

## 43. Monkfish din Bombay

**INGREDIENTE:**
- 1 kilogram de moms, decojit
- Lapte pentru a acoperi
- ¼ de kilogram de creveți decojiți
- 2 oua
- 3 linguri pasta de rosii ½ lingurita praf de curry
- 2 lingurite suc de lamaie
- ¼ linguriță de rozmarin proaspăt, tocat
- 1 praf de șofran sau turmeric ¾ cană smântână ușoară
- Sare si piper dupa gust

**INSTRUCȚIUNI:**
a) Preîncălziți cuptorul la 350F. Puneți monkfish într-o tigaie suficient de mare pentru a-l ține. Se toarnă laptele peste și se pune tigaia la foc moderat.
b) Aduceți la fiert, acoperiți și gătiți timp de 8 minute. Întoarceți peștele și gătiți încă 7 minute sau până când peștele este gătit.
c) Când s-a terminat, se adaugă creveții și se fierbe timp de 2-3 minute sau până când devin roz.
d) Scurgeți peștele și creveții, aruncând laptele.
e) Tăiați mocheta în bucăți de mărimea unei mușcături. Bateți ouăle cu pasta de roșii, pudră de curry, suc de lămâie, rozmarin, șofran și ½ cană de smântână.
f) Se amestecă peștele și creveții și se condimentează după gust cu sare și piper.
g) Se transformă în 4 feluri individuale de ramekin și se toarnă o cantitate egală din smântâna rămasă peste fiecare vas.
h) Coaceți timp de 20 de minute sau până când se fixează. Se serveste fierbinte cu un strop de lamaie si paine frantuzeasca crocanta.

## 44.Paella de pui, creveți și chorizo

**INGREDIENTE:**
- ½ linguriță fire de șofran, zdrobite
- 2 linguri ulei de masline
- 1 kilogram de pulpe de pui fără piele și dezosate, tăiate în bucăți de 2 inci
- 4 uncii cârnați chorizo gătiți, afumat în stil spaniol, feliați
- 1 ceapa medie, tocata
- 4 catei de usturoi, tocati
- 1 cana rosii rasi grosier
- 1 lingura boia dulce afumata
- 6 căni de bulion de pui cu conținut redus de sodiu
- 2 căni de orez spaniol cu bob scurt, cum ar fi bomba, Calasparra sau Valencia
- 12 creveți mari, decojiți și devenați
- 8 uncii de mazăre congelată, decongelată
- Masline verzi tocate (optional)
- Pătrunjel italian tocat

**INSTRUCȚIUNI:**

a) Într-un castron mic combinați șofranul și 1/4 cană apă fierbinte; se lasa sa stea 10 minute.

b) Între timp, într-o tigaie pentru paella de 15 inchi, încălziți uleiul la foc mediu-mare. Adăugați puiul în tigaie. Gătiți, întorcând din când în când, până când puiul se rumenește, aproximativ 5 minute. Adăugați chorizo. Gatiti inca 1 minut. Transferați totul pe o farfurie. Adăugați ceapa și usturoiul în tigaie. Gatiti si amestecati 2 minute. Adăugați roșiile și boia de ardei. Gatiti si amestecati inca 5 minute sau pana cand rosiile se ingroasa si aproape ca o pasta.

c) Puneți puiul și chorizo-ul în tigaie. Adăugați bulion de pui, amestecul de șofran și 1/2 linguriță de sare; se aduce la fierbere la foc mare. Adăugați orezul în tigaie, amestecând o dată pentru a se distribui uniform. Gatiti, fara a amesteca, pana cand orezul a absorbit cea mai mare parte din lichid, aproximativ 12 minute. (Dacă tigaia este mai mare decât arzătorul, rotiți la fiecare câteva minute pentru a vă asigura că orezul se gătește uniform.) Reduceți căldura la mic. Gătiți, fără a amesteca, încă 5 până la 10 minute până când tot lichidul este absorbit și orezul este al dente. Acoperiți cu creveți și mazăre. Dați căldura la mare. Gătiți fără a amesteca, încă 1 până la 2 minute (marginile ar trebui să arate uscate, iar pe fund ar trebui să se formeze o crustă). Elimina. Acoperiți tava cu folie. Lăsați să se odihnească 10 minute înainte de servire. Acoperiți cu măsline, dacă doriți, și pătrunjel.

## 45. Mușcături de creveți cu mentă

**INGREDIENTE:**
- 2 linguri ulei de masline
- 10 uncii de creveți, fierți
- 1 lingura menta, tocata
- 2 linguri de eritritol
- ⅓ cană mure, măcinate
- 2 lingurițe pudră de curry r
- 11 felii de prosciutto
- ⅓ cană de stoc de legume

**INSTRUCȚIUNI:**
a) Stropiți cu ulei peste fiecare creveți după ce îl înfășurați în felii de prosciutto.
b) În oala instantanee, combinați murele, curry, menta, bulionul și eritritol, amestecați și gătiți timp de 2 minute la foc mic.
c) Adăugați coșul pentru aburi și creveții împachetați în oală, acoperiți și gătiți timp de 2 minute la maxim.
d) Puneți creveții înfășurați pe o farfurie și stropiți cu sos de mentă înainte de servire.

# 46.Fructe kiwi și creveți S

**INGREDIENTE:**
- 3 fructe de kiwi
- 3 linguri ulei de masline
- 1 kilogram de creveți, decojiți
- 3 linguri Faina
- ¾ cană Prosciutto, tăiat în fâșii subțiri
- 3 eșalope, tocate mărunt
- ⅓ linguriță de pudră de chili
- ¾ cană vin alb sec

**INSTRUCȚIUNI:**

a) Curata kiwi. Rezervați 4 felii pentru ornat și tocați fructele rămase. Într-o tigaie grea sau wok, încălziți uleiul. Puneți creveții în făină și prăjiți, 30 de secunde.

b) Adăugați prosciutto, eșalotă și praf de chili. Se prăjește încă 30 de secunde. Adăugați kiwiul tocat și prăjiți, 30 de secunde. Se adauga vinul si se reduce la jumatate.

c) Serviți imediat.

## 47.Brânză de capră cu ierburi și creveți prosciutto

**INGREDIENTE:**
- 12 linguri branza de capra
- 1 lingurita patrunjel proaspat tocat
- 1 lingurita tarhon proaspat tocat
- 1 linguriță Cervil proaspăt tocat
- 1 lingurita oregano proaspat tocat
- 2 lingurite usturoi tocat
- Sare si piper
- 12 creveți mari, curățați, cu coadă și
- Fluturi
- 12 felii subțiri de prosciutto
- 2 linguri ulei de masline
- Strop de trufe albe
- Ulei

**INSTRUCȚIUNI:**

a) Într-un castron, amestecați brânza, ierburile și usturoiul împreună. Se condimentează amestecul cu sare și piper. Asezonați creveții cu sare și piper.

b) Presați o lingură de umplutură în cavitatea fiecărui creveți.

c) Înfășurați fiecare creveți strâns cu o bucată de prosciutto. Intr-o tigaie se incinge uleiul de masline. Când uleiul este fierbinte, adăugați creveții umpluți și prăjiți timp de 2 până la 3 minute pe fiecare parte sau până când creveții devin roz și cozile lor se îndoaie spre corp. Scoateți din tavă și puneți pe o farfurie mare.

d) Stropiți creveții cu ulei de trufe.

e) Se orneaza cu patrunjel.

## 48. Gnocchetti cu creveți și pesto

**INGREDIENTE:**
- Aluat de Griș

**PESTO DE FISTIC**
- 1 cană fistic
- 1 buchet menta
- 1 catel de usturoi
- ½ cană Pecorino Romano ras
- ½ cană ulei de măsline
- Sare cușer
- Piper negru proaspăt măcinat
- 8 oz fasole
- Ulei de masline
- 3 catei de usturoi, tocati
- 2 lb creveți mari, curățați
- Ardei roșu zdrobit, după gust
- Sare cușer
- Piper negru proaspăt măcinat
- ¼ cană de vin alb
- 1 lămâie, cu coajă

**INSTRUCȚIUNI :**

a) Pudrați două tavi cu făină de gris.

b) Pentru a face gnocchetti, tăiați o bucată mică de aluat și acoperiți restul de aluat cu folie de plastic. Cu mâinile, rulați bucata de aluat într-o frânghie de aproximativ ½ inch grosime. Tăiați bucăți de aluat de ½ inch din frânghie. Cu degetul mare, împingeți ușor bucata de aluat pe o placă de gnocchi, rulând-o departe de corp, astfel încât să creeze o ușoară adâncitură. Puneți gnocchettii pe tăvile de foaie cu praf de gris și lăsați-l descoperit până când este gata de gătit.

c) Pentru a face pesto de fistic, într-un robot de bucătărie, adăugați fisticul, menta, usturoiul, Pecorino Romano, uleiul de măsline, sare și piper negru proaspăt măcinat și procesați până se face piure.

d) Pregătiți un bol cu apă cu gheață. Scoateți fasolea din păstăie. Albește fasolea gătindu-le în apă clocotită până când se înmoaie, aproximativ 1 minut. Scoateți din apă și puneți în baia de gheață.

e) Când se răcește suficient, se scoate din apă și se pune deoparte într-un bol. Îndepărtați stratul exterior ceros al fasolei și aruncați-l.

f) Aduceți o oală mare cu apă cu sare la fiert. Între timp, într-o tigaie mare la foc mare, adăugați un strop de ulei de măsline, usturoi, creveți, piper roșu măcinat, sare și piper negru proaspăt măcinat. În timp ce creveții se gătesc, aruncați pastele în apă clocotită și gătiți până al dente, aproximativ 3 până la 4 minute. Adăugați pastele în tigaia cu vin alb și lăsați să fiarbă până când vinul scade la jumătate, aproximativ un minut.

g) Pentru a servi, împărțiți pastele între boluri. Se ornează cu coajă de lămâie și pesto de fistic.

## 49.Popcorn acadian

**INGREDIENTE:**
- 2 kilograme de creveți mici
- 2 ouă mari
- 1 cană de vin alb sec
- ½ cană mămăligă
- ½ cană de făină
- 1 lingură arpagic proaspăt
- 1 cățel de usturoi, tocat
- ½ lingurita frunze de cimbru
- ½ linguriță cervil
- ½ linguriță de sare de usturoi
- ½ lingurita piper negru
- ½ lingurita piper cayenne
- ½ lingurita boia
- ulei pentru prăjire

**INSTRUCȚIUNI:**
a) Clătiți langustele sau creveții în apă rece, scurgeți-le bine și lăsați-le deoparte până la nevoie. Bateți ouăle și vinul într-un castron mic, apoi dați la frigider.
b) Într-un alt castron mic, combinați mămăligă, făina, arpagicul, usturoiul, cimbru, cervil, sare, piper, piper cayenne și boia de ardei. Bateți treptat ingredientele uscate în amestecul de ouă, amestecând bine. Acoperiți aluatul rezultat și apoi lăsați-l să stea timp de 1-2 ore la temperatura camerei.
c) Încălziți uleiul în cuptorul olandez sau în friteuza la 375 ° F pe termometru.
d) Înmuiați fructele de mare uscate în aluat și prăjiți-le în cantități mici timp de 2-3 minute, întorcându-le până se rumenesc pe tot parcursul.
e) Scoateți creveții cu o lingură cu fantă și scurgeți-i bine pe mai multe straturi de prosoape de hârtie. Servește-l pe un platou încălzit cu dip-ul tău preferat.

## 50.Frigarui de fructe de mare glazurate cu mere

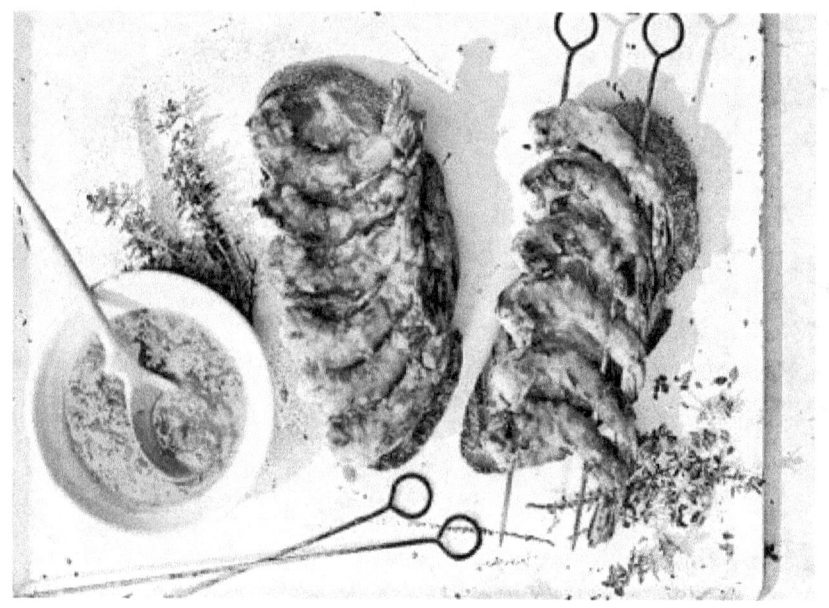

**INGREDIENTE:**
- 1 cutie de suc de mere concentrat
- 1 lingură FIECARE unt și muștar de Dijon
- 1 ardei rosu dulce mare
- 6 segmente Bacon
- 12 scoici de mare
- 1 kilogram de creveți decojiți, devenați (aproximativ 36)
- 2 linguri Taiate cubulete patrunjel proaspat

**INSTRUCȚIUNI:**

a) Într-o cratiță adâncă și grea, fierbe concentratul de suc de mere la foc mare timp de 7-10 minute sau mai mult, până când se reduce la aproximativ ¾ de cană. Se ia de pe foc, se amestecă untul și muștarul până se omogenizează. Pus deoparte. Tăiați ardeiul în jumătate Scoateți semințele și tulpina și tăiați ardeiul în 24 de bucăți. Tăiați segmentele de slănină în jumătate în cruce și înfășurați fiecare scoici într-o bucată de slănină.

b) frigărui ardei, scoici și creveți alternativ pe 6 frigărui. Puneți frigărui pe grătarul uns cu ulei. Grătiți la foc moderat timp de 2-3 minute, ungeți cu glazură de suc de mere și rotind des, până când scoicile sunt opace, creveții sunt roz și piperul este fraged. Se serveste stropit cu patrunjel.

## 51.Salate de creveți și spanac

**INGREDIENTE:**
- 1 kilogram de creveți medii, decojiți și devenați
- 4 cepe verde, feliate subțiri
- 3/4 cană sos de salată cu bacon și roșii
- 1 pachet (6 uncii) spanac proaspăt pentru copii
- 1 cană morcovi mărunțiți
- 2 ouă mari fierte tari, feliate
- 2 roșii prune, tăiate felii

**INSTRUCȚIUNI:**
a) Gătiți ceapa și creveții cu sosul pentru salată într-o tigaie mare la foc mediu pentru a le încălzi sau timp de 5 până la 6 minute.
b) Puneți cantități egale de spanac în 4 porții. Pune deasupra amestecul de roșii, ouă, morcovi și creveți. Serviți imediat.

## 52.Sufle de creveți

**INGREDIENTE:**
- ½ kilograme Creveți fierți
- 3 felii Rădăcină de ghimbir proaspătă
- 1 lingura Sherry
- 1 lingurita Sos de soia
- 6 Albușuri de ou
- ½ lingurita Sare
- 4 linguri Ulei
- 1 liniuță Piper

**INSTRUCȚIUNI:**
a) Cubulețe creveți fierți și rădăcină de ghimbir tocată; apoi combinați cu sherry și sos de soia.
b) Bate albusurile spuma, cu sare, pana devine spumoasa si tare, dar nu se usuca. Încorporați amestecul de creveți.
c) Încălziți uleiul până la afumat. Adăugați amestecul de creveți-ou și gătiți la foc mediu-mare, amestecând constant, până când ouăle încep să se întărească (3-4 minute).

## 53. Ceviche Peruano

**INGREDIENTE:**
- 2 cartofi medii
- 2 cartofi dulci fiecare
- 1 ceapa rosie, taiata fasii subtiri
- 1 cană suc proaspăt de lămâie
- 1/2 tulpină de țelină, feliată
- 1/4 cană frunze de coriandru ușor împachetate
- 1 praf chimen macinat
- 1 catel de usturoi, tocat
- 1 ardei habanero
- 1 praf de sare si piper proaspat macinat
- 1 kilogram de tilapia proaspătă, tăiată în 1/2 inch
- 1 kilogram de creveți medii - curățați,

**INSTRUCȚIUNI:**
a) Puneti cartofii si cartofii dulci intr-o cratita si acoperiti cu apa. Puneti ceapa taiata felii intr-un vas cu apa calduta.

b) Amestecați țelina, coriandru și chimen și amestecați usturoiul și ardeiul habanero. Asezonați cu sare și piper, apoi adăugați tilapia și creveții tăiați cubulețe

c) Pentru a servi, curatati cartofii si taiati felii. Amestecați ceapa în amestecul de pește. Tapetați bolurile de servire cu frunze de salată. Puneti in boluri ceviche-ul care consta din zeama si garnisiti cu felii de cartofi.

## 54.Fondue de cheddar cu sos de rosii

**INGREDIENTE:**
- 1 cățel de usturoi, tăiat la jumătate
- 6 roșii medii, fără semințe și tăiate cubulețe
- 2/3 cană vin alb sec
- 6 linguri. Unt, tăiat cubulețe
- 1-1/2 lingurite. Busuioc uscat
- Tasă piper cayenne
- 2 căni de brânză cheddar mărunțită
- 1 lingura. Făină universală
- Pâine franțuzească cuburi și creveți fierți

**INSTRUCȚIUNI:**
a) Frecați fundul și părțile laterale ale unui vas pentru fondue cu un cățel de usturoi.
b) Dați deoparte și aruncați usturoiul.
c) Combinați vinul, untul, busuiocul, cayenne și roșiile într-o cratiță mare.
d) La foc mediu-mic, aduceți amestecul la fiert, apoi reduceți focul la mic.
e) Amesteca branza cu faina.
f) Adăugați treptat în amestecul de roșii, amestecând după fiecare adăugare, până când brânza se topește.
g) Se toarnă în vasul pentru fondue Preparation și se păstrează la cald.
h) Savurați cu creveți și cuburi de pâine.

## 55.Dip picant de creveți și brânză

## INGREDIENTE:
- 2 felii fără zahăr adăugat slănină
- 2 mediu galben ceapa, decojite și tăiate cubulețe
- 2 cuișoare usturoi, tocat
- 1 ceașcă Popcorn crevetă (nu cel pane drăguț), gătit
- 1 mediu roșie, tăiate cubulețe
- 3 cupe mărunțită Monterey jack brânză
- 1/4 _ _ linguriță a lui Frank Rosu aprins sos
- 1/4 _ _ linguriță cayenne piper
- 1/4 _ _ linguriță negru piper

## INSTRUCȚIUNI:
a) bucătar cel slănină în A mediu tigaie peste mediu căldură pana cand crocant, despre 5–10 minute. A pastra unsoare în tigaie. Întins cel slănină pe A hârtie prosop la misto. Când misto, se sfărâmă cel slănină cu ta degete.

b) Adăuga cel ceapă și usturoi la cel slănină picuraturi în cel tigaie și sote peste mediu-scazut căldură pana cand ei sunt moale și parfumat, despre 10 minute.

c) Combina toate ingredientele în A încet aragaz; se amestecă bine. bucătar acoperit pe scăzut setare 1–2 ore sau pana cand brânză este complet topit.

## 56. Duck Gumbo

**INGREDIENTE:**
**STOC:**
- 3 rațe mari sau 4 mici
- 1 galon de apă
- 1 ceapă, tăiată în sferturi
- 2 coaste telina
- 2 morcovi 2 foi de dafin 3 t. sare
- 1 t. piper

**GUMBO:**
- ¾c. făină
- ¾c. ulei
- 2 catei de usturoi, tocati
- 1 cana ceapa tocata marunt
- ½c. telina tocata marunt
- 1c. ardei verzi tocati marunt
- 1 lb. bame tăiate în bucăți de ¼".
- 2 T. unsoare de bacon
- 1 lb. creveți cruzi, decojiți
- 1pt. stridii și lichior
- ¼ c. pătrunjel tocat
- 2 c. orez gatit

**INSTRUCȚIUNI:**
a) Piele de rață; se fierbe in apa cu ceapa, telina, foile de dafin, sare si piper aproximativ 1 ora sau pana cand carnea de rata este frageda. Încordare; degresați toată grăsimea și rezervați 3 sferturi din stoc. Dacă este necesar, adăugați bulion de pui sau de vită pentru a face 3 litri de bulion. Îndepărtați carnea din carcasă și bucățile de dimensiuni mici; reveni la stoc. Stocul poate fi făcut cu o zi înainte de a face gumbo.

**PENTRU GUMBO:**
b) Într-un cuptor olandez mare, faceți un roux maro închis cu făină și ulei.

c) Adăugați usturoiul, ceapa, țelina și ardeiul verde; soteți bame în unsoare de slănină până dispare toată țesătura, aproximativ 20 de minute; scurgere. Într-o oală de supă bulionul încălzit și amestecați încet amestecul de roux și legume.

d) Adăugați okra; se fierbe acoperit 1 ora jumatate.

e) Adăugați creveții, stridiile și lichiorul lor și gătiți încă 10 minute. Se amestecă pătrunjelul și se ia de pe foc.

f) Asezonați corect și serviți peste orez fierbinte și pufos.

## 57.Curry de rață cu ananas

**INGREDIENTE:**
- 15 ardei iute roșu lung și uscat
- 1 lingura boabe de piper alb
- 2 lingurițe de semințe de coriandru
- 1 lingurita de seminte de chimen
- 2 lingurite pasta de creveti
- 5 șalote asiatice roșii, tocate
- 10 catei de usturoi, tocati
- 2 tulpini de lemongrass, doar partea albă, feliate fin
- 1 lingura galangal tocat
- 2 linguri radacina de coriandru tocata
- 1 lingurita coaja de lime kaffir rasa fin
- 1 lingura ulei de arahide
- 8 cepe de primăvară (cepe), tăiate pe diagonală în lungimi de 3 cm (1¼ in)
- 2 catei de usturoi, macinati
- 1 friptură de rață chinezească, tăiată în bucăți mari
- 400 ml (14 oz) lapte de cocos
- 450 g (1 lb) bucăți de ananas conservate în sirop, scurse
- 3 frunze de tei kaffir
- 3 linguri frunze de coriandru tocate
- 2 linguri menta tocata

**INSTRUCȚIUNI:**

a) Înmuiați ardeii iute în apă clocotită timp de 5 minute sau până când se înmoaie. Scoateți tulpina și semințele, apoi tăiați.

b) Prăjiți boabele de piper, semințele de coriandru, semințele de chimen și pasta de creveți învelite în folie într-o tigaie, la foc mediu-înalt, timp de 2-3 minute, sau până când sunt parfumate. Se lasa sa se raceasca.

c) Zdrobiți sau măcinați boabele de piper, coriandru și chimen până la o pudră.

d) Puneți ardeiul iute tocat, pasta de creveți și condimentele măcinate cu ingredientele rămase din pasta de curry într-un robot de bucătărie sau într-un mojar cu un pistil și procesați sau pisați până la o pastă netedă.

e) Se încălzește un wok până este foarte fierbinte, se adaugă uleiul și se amestecă pentru a acoperi partea laterală. Adăugați ceapa, usturoiul și 2-4 linguri de pastă de curry roșu și prăjiți timp de 1 minut sau până când este parfumat.

f) Adăugați bucățile de rață friptă, laptele de cocos, bucățile de ananas scurse, frunzele de lime kaffir și jumătate din coriandru și menta. Se aduce la fierbere, apoi se reduce focul și se fierbe timp de 10 minute, sau până când rața este încălzită și sosul s-a îngroșat ușor.

g) Se amestecă restul de coriandru și menta și se servește.

## 58.Curry de rață la grătar cu litchi

**INGREDIENTE:**
- 1 lingurita boabe de piper alb
- 1 lingurita pasta de creveti
- 3 ardei iute roșu lung, fără semințe
- 1 ceapa rosie, tocata grosier
- 2 catei de usturoi
- 2 tulpini de lemongrass, doar partea albă, feliate subțiri
- ghimbir bucată de 5 cm (2 inchi).
- 3 rădăcini de coriandru
- 5 frunze de tei kaffir
- 2 linguri ulei
- 2 lingurite coriandru macinat
- 1 lingurita chimen macinat
- 1 lingurita boia
- 1 lingurita turmeric macinat
- 1 rață chinezească la grătar
- 400 ml (14 oz) cremă de nucă de cocos
- 1 lingură zahăr de palmier ras (jaggery)
- 2 linguri sos de peste
- 1 felie groasă de galangal
- 240 g (8½ oz) de ciuperci pai conservate, scurse
- 400 g (14 oz) conservanți de litchi, tăiați în jumătate
- 250 g (9 oz) roșii cherry
- 1 mână busuioc thailandez, tocat
- 1 mână de frunze de coriandru

**INSTRUCȚIUNI:**

a) Prăjiți boabele de piper și pasta de creveți învelite în niște folie într-o tigaie, la foc mediu-înalt, timp de 2-3 minute, sau până când sunt parfumate. Se lasa sa se raceasca.
b) Folosind un mojar cu un pistil sau o râșniță de condimente, zdrobiți sau măcinați boabele de piper până la o pulbere.
c) Puneți boabele de piper zdrobite și creveții cu ingredientele rămase pentru pastă de curry într-un robot de bucătărie sau într-un mojar cu un pistil și procesați sau pisați până la o pastă netedă.
d) Scoateți carnea de rață de pe oase și tăiați-o în bucăți mici. Puneți crema groasă de nucă de cocos din partea de sus a formei într-o cratiță, aduceți la fiert rapid la foc mediu, amestecând ocazional și gătiți timp de 5-10 minute sau până când amestecul „se desparte" (uleiul începe să se separe).
e) Adăugați jumătate din pasta de curry, zahărul de palmier și sosul de pește și amestecați până se dizolvă zahărul de palmier.
f) Adăugați rața, galanga, ciupercile pai, lychees, siropul de lychee rezervat și crema de cocos rămasă. Aduceți la fierbere, apoi reduceți la fiert și gătiți timp de 15-20 de minute sau până când rața este fragedă.
g) Adăugați roșiile cherry, busuioc și coriandru. Asezonați după gust. Se servesc cand rosiile cherry sunt putin inmuiate.

# 59. Ceviche de crustacee la gratar

**INGREDIENTE:**
- ¾ de kilograme de creveți medii, decojiți și deveniți
- ¾ de kilograme scoici de mare
- ¾ de kilograme file de somon
- 1 cană roșii tăiate cubulețe (zaruri de 1/2 inch)
- 1 cană de mango tăiat cubulețe (zaruri de 1/2 inch)
- 2 grapefruit, decojite și segmentate
- 3 portocale, decojite și segmentate
- 4 lime, decojite și segmentate
- ½ cană ceapă roșie tăiată cubulețe (zaruri de 1/2 inch)
- 2 Jalapenos, tocate
- 4 căni de suc proaspăt de lămâie
- 1 cană coriandru tocat
- 2 linguri de zahăr
- Sare si piper macinat

**INSTRUCȚIUNI:**
a) Într-un castron mare nereactiv, combinați scoicile, somonul, creveții, roșiile, mango, ceapa, jalapeno și sucul de lămâie.
b) Se lasă la marinat, la frigider, timp de 3 ore.
c) Scoateți din marinadă și grătați peștele și crustaceele, doar suficient pentru a obține semne de grătar 30-60 de secunde.
d) Tăiați toți peștii în zaruri de ½ inch.
e) Chiar înainte de servire, scurgeți cât mai mult suc de lime din fructe, adăugați coriandru, zahăr, crustacee și somon. Amestecați ușor, având grijă să nu rupeți fructele și peștele.

## 60.Boluri cu rulouri de primăvară cu dovlecei

**INGREDIENTE:**
- 3 linguri de unt de arahide cremos
- 2 linguri de suc de lamaie proaspat stors
- 1 lingură sos de soia cu conținut redus de sodiu
- 2 lingurite de zahar brun inchis
- 2 lingurițe sambal oelek (pastă de chile proaspăt măcinat)
- 1 kilogram de creveți medii, decojiți și devenați
- 4 dovlecei medii, spiralați
- 2 morcovi mari, curatati si rasi
- 2 căni de varză mov mărunțită
- ⅓ cană frunze proaspete de coriandru
- ⅓ cană frunze de busuioc
- ¼ cană frunze de mentă
- ¼ cană alune prăjite tocate

**INSTRUCȚIUNI:**

a) PENTRU SOS DE ARAHIDE: Amestecați untul de arahide, sucul de lămâie, sosul de soia, zahărul brun, sambal oelek și 2 până la 3 linguri de apă într-un castron mic. Se da la frigider pana la 3 zile, pana este gata de servire.

b) Într-o oală mare cu apă clocotită cu sare, gătiți creveții până devin roz, aproximativ 3 minute. Scurgeți și răciți într-un castron cu apă cu gheață. Scurgeți bine.

c) Împărțiți dovlecelul în recipiente pentru pregătirea mesei. Acoperiți cu creveți, morcovi, varză, coriandru, busuioc, mentă și alune. Se va păstra acoperit la frigider 3 până la 4 zile. Serviți cu sosul de arahide picant.

# 61.Salata de quinoa si creveti

**INGREDIENTE:**
- 1 cană quinoa , fiartă
- ½ kilograme de creveți; gătit; în zaruri de 1/2 inch
- ½ cană coriandru proaspăt; tocat mărunt
- ¼ cană Arpagic proaspăt sau ceapă verde
- 1 ardei Jalapeno fiecare; tocat
- câte 1 cățel de usturoi; tocat
- 1 lingurita Sare
- ½ lingurita Piper negru
- 3 linguri de suc de lime
- 1 lingura Miere
- 1 lingura sos de soia
- 2 linguri ulei de măsline

**INSTRUCȚIUNI:**

b) Pentru dressing, amestecați jalapeno, usturoi, sare, piper, suc de lămâie, miere, sos de soia și ulei de măsline. Se amestecă ușor cu quinoa.

c) Ajustați condimentele după gust.

## 62.Creveți cu mahmureală

**INGREDIENTE:**
- 32 uncii suc V-8
- 1 poate Bere
- 3 Ardei Jalapeño (sau habaneros)
- 1 mare Ceapă; tocat
- 1 lingurita Sare
- 2 Caței de usturoi; tocat
- 3 lire s Crevetă; decojite si devenate

**INSTRUCȚIUNI:**
a) Puneți toate ingredientele, cu excepția creveților, într-o oală mare și aduceți la fierbere.
b) Adăugați creveții și luați de pe foc. Lasă să stea aproximativ 20 de minute. Scurgeți și dați la rece creveții.
c) Formatat și blocat de Carriej999@...

# 63. Rulouri de creveți

**INGREDIENTE:**
- 5 ouă mari
- 1 lingura ulei de salata
- 1 kg de creveți cruzi; decojit, devenat
- 2 lingurite Sare
- ⅓ cană pesmet fin uscat
- 1 lingurita ghimbir proaspat tocat fin
- 1 albus de ou
- ⅛ linguriță pudră de ardei iute
- ¼ lingurita piper alb
- 2 linguri de vermut
- ¼ cană bulion de pui sau pește
- 2 linguri de scolie tocata marunt; numai partea albă
- ½ ardei roșu dulce sau pimiento tăiat cubulețe
- 1 morcov mic; măruntită
- 8 Mazăre de zăpadă; tăiate cubulețe
- ¼ cană sos de stridii
- ¼ cană bulion de pui
- 1 lingura sos de soia
- 1 lingura sos Tabasco
- 1 lingurita de ghimbir proaspat macinat

**INSTRUCȚIUNI:**
a) Bate cele 5 oua pana se omogenizeaza bine. Ungeți o tigaie căptușită cu teflon cu jumătate din ulei de salată.
b) Încinge tigaia și toarnă jumătate din ouă, răsturnând tigaia pentru a lăsa ouăle să acopere fundul tigaii.
c) Gătiți crepe cu ou până se întărește. Scoateți din tavă și lăsați să se răcească. Repeta.
d) Frecați creveții cu 1 linguriță. sare si se spala bine sub jet de apa rece. Scurgeți creveții și uscați.
e) Tocați creveții cu pornirea/oprirea robotului de bucătărie și transferați într-un bol mare de amestecare.
f) Amestecați sarea rămasă, pesmetul; ghimbir, albuș de ou, piper, vermut, supă de pui sau de pește și ceai verde. Amestecați energic până când amestecul este omogenizat.
g) Adăugați cubulețe de mazăre și ardei roșu dulce sau pimiento.
h) Întindeți ½ amestec de creveți pe o crep de ou, deasupra cu jumătate din morcovii mărunțiți și rulați. Repetați cu cealaltă crep.
i) Puneți rulourile de creveți pe farfurie într-un cuptor cu abur și gătiți la abur 10 minute. Serviți cu sos de stridii. Stridie

**SOS:**
j) Se amestecă, se încălzește într-o cratiță și se servește cald cu rulouri de creveți.

# 64.Paste cu creveți pesto cu brânză și ciuperci

## INGREDIENTE:

- 1 pachet (16 oz.) paste linguine
- 1 cană pesto de busuioc preparat
- 2 linguri ulei de masline
- 1 lb. creveți fierți, curățați și devenați
- 1 ceapa mica, tocata
- 20 de ciuperci, tocate
- 8 catei de usturoi, taiati felii
- 3 roșii roma (prune), tăiate cubulețe
- 1/2 cană unt
- 2 linguri de făină universală
- 2 cani de lapte
- 1 praf sare
- 1 praf de piper
- 1 1/2 cană brânză Romano rasă

## INSTRUCȚIUNI:

a) Într-o cratiță mare cu apă clocotită ușor sărată, adăugați pastele și gătiți timp de aproximativ 8-10 minute sau până la fierbere dorită, scurgeți bine și lăsați deoparte.

b) Într-o tigaie mare, încălziți uleiul la foc mediu și căliți ceapa aproximativ 4-5 minute.

c) Se adauga untul si usturoiul si se calesc timp de aproximativ 1 minut.

d) Între timp, într-un castron, amestecați laptele și făina și turnați într-o tigaie, amestecând continuu.

e) Amestecați sarea și piperul negru și gătiți, amestecând aproximativ 4 minute.

f) Adăugați brânza, amestecând continuu până se topește complet.

g) Adăugați pesto și creveții, roșiile și ciupercile și gătiți aproximativ 4 minute sau până când se încălzesc complet.

h) Adăugați pastele și amestecați pentru a se acoperi și serviți imediat.

## 65.Creveți pesto brânză cu paste

**INGREDIENTE:**
- 1 lb. paste linguine
- 1/3 cană pesto
- 1/2 cană unt
- 1 lb. creveți mari, curățați și devenați
- 2 cani smantana grea
- 1/2 lingurita piper negru macinat
- 1 cană parmezan ras

**INSTRUCȚIUNI:**

a) Într-o cratiță mare cu apă clocotită ușor sărată, adăugați pastele și gătiți timp de aproximativ 8-10 minute sau până la fierbere dorită, scurgeți bine și lăsați deoparte.

b) Între timp, topește untul într-o tigaie mare la foc mediu. Adăugați smântâna și piperul negru și gătiți, amestecând continuu, timp de aproximativ 6-8 minute.

c) Adăugați brânza și amestecați până se omogenizează bine. Se amestecă pesto și se fierbe, amestecând continuu, timp de aproximativ 3-5 minute.

d) Adaugati crevetii si gatiti aproximativ 3-5 minute. Se servesc calde cu paste.

# CRAB

## 66.Brioșe cu crab

**INGREDIENTE:**
- ½ kilograme de carne de crab (cutie de 7 oz)
- 1 Băţ margarina
- 1 borcan brânză englezească veche
- ½ linguriţă sare de usturoi
- 2 linguri de maioneza
- ½ linguriţă sare de sezon
- 6 briose englezeşti

**INSTRUCŢIUNI:**
a) Se amestecă toate, cu excepţia brioşelor. Se intinde pe briose. Tăiaţi brioşele în sferturi.
b) Congelaţi pe foaie de biscuiţi. Se pune in punga si se pastreaza la congelator pana la nevoie. Se prăjeşte şi se serveşte.

# 67. Tarte cu crab

**INGREDIENTE:**
- 3 ouă mari, bătute
- 1½ cană lapte degresat
- ¾ cană brânză elvețiană, rasă
- 2 linguri crema de branza, moale
- 1 lingura ceapa, tocata
- ¼ cană pătrunjel, tocat
- ½ cană Morcovi, mărunțiți
- 1 kg Carne de crab obișnuită
- ½ lingurita de nucsoara
- ¼ lingurita piper alb
- 1 praf de sare
- aluat pentru plăcintă cu 2 cruste

**INSTRUCȚIUNI:**
a) Întindeți aluatul subțire și tăiați-l în cercuri cu diametrul de 2" cu un tăietor de prăjituri. Presați ușor cercurile de aluat în coji de tartă unse cu ulei. Înțepați aluatul cu furculița.
b) Se coace 5-7 minute la 450 de grade. Scoateți din cuptor. Pus deoparte.
c) Amestecați ingredientele rămase și turnați-le în coji de tartă, umplând ½ inch deasupra cojilor
d) Coaceți 25 de minute la 375 de grade sau până când o scobitoare introdusă iese curată.

# 68. Dip cu fructe de mare

**INGREDIENTE:**
- 1 cană fulgi de carne de crab
- ½ cană de brânză Cheddar -- mărunțită
- ¼ cană cremă de brânză -- moale
- ¼ cană maioneză
- ¼ cană smântână
- ¼ cană parmezan -- ras
- ¼ cană ceapă verde -- feliată
- 1 lingurita suc de lamaie
- ¼ de linguriță sos Worcestershire
- ⅛ linguriță pudră de usturoi
- ¼ cană pesmet

**INSTRUCȚIUNI:**

a) Într-un bol, amestecați primele 10 ingrediente până se omogenizează. Se întinde într-o tavă de plăcintă de 9 inci.

b) Se presară cu pesmet. Coaceți, acoperit, la 350 de grade F 20 de minute sau până când devine clocotită

c) Descoperiți și coaceți încă 5 minute. Serviți cu biscuiți sau legume crude.

# STRDIILE

## 69.Crochete de stridii

**INGREDIENTE:**
- ¼ cană unt
- ¼ cană făină universală
- 1 cană de lapte
- Sare
- Piper proaspăt măcinat
- 3 linguri de unt
- 4 Șalotă tocată
- 1 kg ciuperci tocate
- 24 stridii uscate decupate și bătute
- (pentru prăjire adâncă) ulei vegetal
- 3 ouă
- Făină universală
- 4 căni pesmet proaspăt
- Nasturel
- Lămâie felii

**INSTRUCȚIUNI:**

a)  Topiți ¼ de cană de unt într-o cratiță grea medie la foc mic.

b)  Se amestecă ¼ de cană de făină și se amestecă 3 minute. Se amestecă laptele și se aduce la fiert. Reduceți focul și fierbeți 5 minute, amestecând din când în când. Asezonați cu sare și piper.

c)  Topiți 3 linguri de unt într-o tigaie medie grea la foc mediu-mic. Adaugati salota si gatiti pana se inmoaie, amestecand ocazional, aproximativ 5 minute. Adăugați ciupercile, măriți căldura și gătiți până se evaporă tot lichidul, amestecând ocazional, aproximativ 10 minute. Asezonați cu sare și piper. Amestecați amestecul de ciuperci în sos. Misto.

d)  Încinge tigaia la foc mediu-mare. Adăugați stridiile și amestecați 2 minute. Misto.

e)  Se încălzește uleiul la 425 de grade. în friteuză sau o cratiță mare grea. Bate ouăle pentru a se amesteca cu 1 lingură de ulei vegetal. Împachetați sosul în jurul fiecărei stridii, formând forma de trabuc. Trageți în făină, scuturând excesul.

f)  Scufundați în amestecul de ouă. Rulați în pesmet. Se prăjește în loturi până se rumenesc, aproximativ 4 minute. Scoateți cu o lingură cu fantă și scurgeți-l pe prosoape de hârtie.

g)  Aranjați Croquetas pe platou. Se orneaza cu nasturel si lamaie.

# 70. Bruscheta cu stridii și roșii

**INGREDIENTE:**
- 1 bagheta frantuzeasca, feliata si prajita
- 2 căni de roșii cherry, tăiate la jumătate
- 16 stridii proaspete, braconate sau la gratar
- Glazură balsamică pentru stropire
- Frunze de busuioc proaspăt pentru decor

**INSTRUCȚIUNI:**
a) Într-un castron, amestecați roșiile cherry cu sare și piper.
b) Puneți stridii poșate sau la grătar deasupra fiecărei felii de baghetă prăjită.
c) Peste stridiile se pun roșiile asezonate.
d) Stropiți cu glazură balsamică și decorați cu frunze de busuioc proaspăt.
e) Serviți ca o bruschetă delicioasă.

# 71. Rulouri de sushi cu stridii

**INGREDIENTE:**
- 4 foi de nori (alge marine)
- 2 cesti de orez sushi, fiert si asezonat
- 16 stridii proaspete, feliate
- 1 castravete, tăiat julianã
- Sos de soia pentru scufundare
- Ghimbir murat pentru servire

**INSTRUCȚIUNI:**
a) Așezați o foaie de nori pe un covoraș de sushi din bambus.
b) Întindeți un strat subțire de orez sushi peste nori.
c) Aranjați felii de stridii proaspete și castraveți tăiați julianã pe orez.
d) Rulați sushiul strâns și tăiați în bucăți mici.
e) Se serveste cu sos de soia si ghimbir murat.

# 72.Crostini cu stridii și brânză albastră

**INGREDIENTE:**
- Felii de baghetă, prăjite
- 16 stridii proaspete, ușor braconate sau la grătar
- 1/2 cană brânză albastră, mărunțită
- Miere pentru burniță
- Nuci tocate pentru ornat

**INSTRUCȚIUNI:**
a) Puneți stridiile ușor braconate sau la grătar pe felii de baghetă prăjite.
b) Presărați brânză albastră mărunțită peste stridii.
c) Stropiți cu miere.
d) Se orneaza cu nuca tocata.
e) Serviți ca crostini eleganti pentru micul dejun.

# 73. Creveți prăjiți cajun și stridii

**INGREDIENTE:**
- 1 kilogram de stridii proaspete decojite
- 1 kilogram de creveți cruzi jumbo, curățați și devenați
- 2 oua, batute usor separat
- ¾ cană făină universală
- ½ cană făină de porumb galbenă
- 2 lingurite condimente cajun
- ½ linguriță de piper lămâie

2 cani de ulei vegetal, pentru prajit

**INSTRUCȚIUNI:**
a) Puneți stridiile într-un castron mediu și puneți creveții într-un castron separat.
b) Stropiți ouăle peste creveți și stridii (1 ou pe bol) și asigurați-vă că totul este bine acoperit. Așezați bolurile în lateral.
c) Într-o pungă mare de congelare cu fermoar, adăugați făina, mălaiul, condimentele Cajun și piperul de lămâie. Agitați punga pentru a vă asigura că totul este bine amestecat.
d) Adăugați creveții în pungă și agitați pentru a se acoperi, apoi îndepărtați creveții și puneți-i pe o tavă de copt. Acum adăugați stridiile în pungă și repetați procesul.
e) Într-o friteuză sau o tigaie adâncă, încălziți uleiul vegetal la aproximativ 350 până la 360 de grade F. Prăjiți creveții până când devin aurii, aproximativ 3 până la 4 minute. Prăjiți apoi stridiile până se rumenesc, aproximativ 5 minute.
f) Puneți fructele de mare pe o farfurie căptușită cu un prosop de hârtie pentru a ajuta la absorbția unei parte din excesul de ulei. Serviți cu sosul preferat.

## 74.Stridii prăjite

**INGREDIENTE:**
- 1 litru de stridii decojite, scurse
- 1/2 cană făină universală
- 1/2 lingurita sare
- 1/4 lingurita piper negru
- 1/4 lingurita piper cayenne
- 2 ouă, bătute
- 1 cană pesmet
- Ulei vegetal, pentru prajit

**INSTRUCȚIUNI:**
a) Într-un vas puțin adânc, amestecați făina, sarea, piperul negru și piperul de cayenne.
b) Într-un alt vas de mică adâncime, bate ouăle.
c) Într-un al treilea vas de mică adâncime, puneți pesmetul.
d) Înmuiați fiecare stridie mai întâi în amestecul de făină, apoi în ouăle bătute și la final în pesmet, scuturând orice exces.
e) Încinge uleiul vegetal într-o tigaie mare la foc mediu-mare.
f) Prăjiți stridiile în loturi, aproximativ 2-3 minute pe fiecare parte, sau până când devin maronii și crocante.
g) Scurgeți stridiile prăjite pe o farfurie tapetată cu un prosop de hârtie.
h) Se serveste fierbinte cu felii de lamaie si sos tartar.

# 75.Ceviche cu stridii și habanero

**INGREDIENTE:**
- 8 Stridii proaspete tăiate
- 1 lingura coriandru tocat
- 1 lingura rosii taiate marunt
- ¼ de lingurita piure Habanero
- ½ portocală; supremat
- ¼ cană suc de portocale proaspăt stors
- 1 lingura suc de lamaie proaspat stors
- Sare si piper

**INSTRUCȚIUNI:**
a) Combinați toate ingredientele într-un bol.
b) Asezonați cu sare și piper.
c) Serviți în jumătăți de coajă de stridii.

# 76. Mușcături de slănină-stridii

**INGREDIENTE:**
- 8 felii Slănină
- ½ cană Umplutura condimentată cu ierburi
- 1 poate (5 oz) stridii; tocat
- ¼ cană Apă

**INSTRUCȚIUNI:**
a) Preîncălziți cuptorul la 350ø. Taiati felii de bacon in jumatate si gatiti usor. NU gătiți în exces.
b) Baconul trebuie să fie suficient de moale pentru a se rula ușor în jurul bilutelor. Combinați umplutura, stridiile și apa.
c) Rulați în bile de mărimea unei mușcături, aproximativ 16.
d) Înfășurați bilele în bacon. Coaceți la 350ø timp de 25 de minute. Serviți cald.

# 77. Stridii și caviar

**INGREDIENTE:**
- 2 kilograme de alge marine
- 18 stridii, pe jumătate de coajă
- 2 ceai
- 2 uncii de caviar negru
- 2 Lămâi

**INSTRUCȚIUNI:**
a) Răspândiți alge marine într-un coș plat. Aranjați stridiile răcite în cojile lor, pe alge marine. Tăiați ceață în inele subțiri.
b) Presarati cate 2 sau 3 bucati pe fiecare stridie. Acoperiți fiecare cu o bucată de caviar. Se serveste foarte rece, insotita de felii proaspete de lamaie feliate subtiri. Dați șampanie bine răcită.

## 78.Rulouri de primăvară cu stridii

**INGREDIENTE:**
- 3 ambalaje mari pentru rulouri de primăvară
- 6 castane de apa, tocate marunt
- 1 felie de ghimbir, tocata marunt
- 3 cepe primare, tocate fin (inclusiv blaturi verzi)
- Câteva picături de ulei de susan
- 1 lingurita sos de soia usor
- 24 de stridii, le-au scăpat din cochilie
- Ulei vegetal

**INSTRUCȚIUNI:**
a) Tăiați fiecare învelis pentru rulada de primăvară în sferturi.
b) Într-un castron, combinați castanele de apă tocate mărunt, ghimbirul și ceapa primăvară. Adăugați câteva picături de ulei de susan și sosul ușor de soia. Amesteca bine.
c) Încorporați ușor stridiile, asigurându-vă că sunt bine acoperite cu condimente.
d) Împărțiți uniform amestecul de stridii între pătratele de rulouri de primăvară.
e) Rulați cu grijă fiecare rolă de primăvară, pliând în părțile laterale pentru a cuprinde umplutura. Ungeți marginile ambalajelor cu apă pentru a le sigila.
f) Într-o tigaie sau o oală adâncă, încălziți mult ulei vegetal pentru prăjit.
g) Prăjiți rulourile de primăvară în uleiul încins timp de 2-3 minute sau până devin aurii și crocante.
h) Scoateți rulourile de primăvară din ulei și scurgeți-le pe hârtie de bucătărie mototolită pentru a îndepărta excesul de ulei.
i) Serviți imediat rulourile de primăvară cu stridii.
j) Bucurați-vă de delicioaselle dvs. rulouri de primăvară Oyster!

## 79.Tempura stridii prăjite

**INGREDIENTE:**
- 12 stridii proaspete
- Ulei vegetal, pentru prajit
- 1 cană de făină universală
- ½ cană amidon de porumb
- ½ lingurita sare
- 1 cană apă rece ca gheața
- Sos de soia sau sos tartar, pentru servire
- Toppinguri opționale: semințe de susan, ceapă verde sau felii de lămâie

**INSTRUCȚIUNI:**

a) Începeți prin a decoji stridiile și a le scoate din coajă. Asigurați-vă că aruncați orice stridii care s-au deschis sau nu par proaspete.

b) Clătiți stridiile decojite sub apă rece și uscați-le cu prosoape de hârtie. Pune-le deoparte.

c) Încălziți ulei vegetal într-o friteuză sau o oală mare la aproximativ 350 ° F (175 ° C).

d) Într-un bol de amestecare, combinați făina universală, amidonul de porumb și sarea. Adăugați treptat apa rece cu gheața, amestecând ușor, până obțineți o consistență netedă. Aveți grijă să nu amestecați în exces; este în regulă dacă sunt câteva bulgări.

e) Înmuiați fiecare stridie în aluat, asigurându-vă că este acoperită uniform. Lăsați excesul de aluat să se scurgă înainte de a pune cu grijă stridiile în uleiul fierbinte.

f) Prăjiți stridiile în loturi, având grijă să nu supraaglomerați friteuza sau oala. Gatiti-le aproximativ 2-3 minute sau pana cand aluatul de tempura devine auriu si crocant.

g) Odată ce stridiile sunt fierte, folosiți o lingură cu fantă sau clești pentru a le scoate din ulei și transferați-le pe o farfurie tapetată cu prosoape de hârtie. Acest lucru va ajuta la absorbția oricărui exces de ulei.

h) Repetați procesul cu stridiile rămase până când toate sunt fierte.

i) Servește stridiile prăjite cu tempura fierbinți ca aperitiv sau fel principal.

j) Le puteți savura ca atare sau le puteți servi cu sos de soia sau sos tartar pentru înmuiere.

k) Presărați semințe de susan sau ceapă verde deasupra pentru un plus de aromă și decor. Roțile de lămâie pot fi servite și în lateral pentru un sunet de citrice.

## 80.Stridiile clasice Rockefeller

**INGREDIENTE:**
- 24 de stridii proaspete, decojite
- 1/2 cană unt
- 1/2 cană pesmet
- 1/2 cană parmezan ras
- 1/4 cana patrunjel tocat
- 2 catei de usturoi, tocati
- 1 lingura suc de lamaie
- Sare si piper dupa gust

**INSTRUCȚIUNI:**
a)  Preîncălziți cuptorul la 450°F (230°C).
b)  Într-o tigaie, se topește untul și se călește usturoiul până se parfumează.
c)  Adăugați pesmet, parmezan, pătrunjel, suc de lămâie, sare și piper în tigaie. Amesteca bine.
d)  Puneți stridiile decojite pe o tavă de copt.
e)  Acoperiți fiecare stridie cu amestecul de pesmet.
f)  Coaceți timp de 10-12 minute sau până când toppingul este maro auriu.
g)  Se serveste fierbinte.

## 81. Trăgători cu stridii

**INGREDIENTE:**
- 12 stridii proaspete, decojite
- 1 cană suc de roșii
- 1/4 cană vodcă
- 1 lingura sos iute
- 1 lingura de hrean
- Roți de lămâie pentru decor

**INSTRUCȚIUNI:**
a) Într-un castron, amestecați sucul de roșii, vodca, sosul iute și hreanul.
b) Pune o stridie decojită într-un pahar.
c) Turnați amestecul de suc de roșii peste stridii.
d) Se ornează cu o felie de lămâie.
e) Servit rece.

## 82. Aperitive învelite cu stridii și slănină

**INGREDIENTE:**
- 16 stridii proaspete, decojite
- 8 felii de bacon, taiate in jumatate
- Scobitori

**INSTRUCȚIUNI:**
a) Preîncălziți cuptorul la 400°F (200°C).
b) Înfășurați fiecare stridie decojită cu o jumătate de felie de slănină și fixați-o cu o scobitoare.
c) Puneți stridiile învelite în slănină pe o tavă de copt.
d) Coaceți 12-15 minute sau până când baconul este crocant.
e) Serviți fierbinte ca aperitive delicioase de stridii învelite în slănină.

## 83.Dip picant de stridii

**INGREDIENTE:**
- 1 cană maioneză
- 1/4 cană sos iute
- 1 lingura suc de lamaie
- 1 lingurita sos Worcestershire
- 16 stridii proaspete, decojite și tocate
- 1/4 cana ceapa verde, tocata
- Chipsuri de tortilla sau biscuiți pentru servire

**INSTRUCȚIUNI:**
a) Într-un castron, amestecați maioneza, sosul iute, sucul de lămâie și sosul Worcestershire.
b) Se amestecă stridiile și ceapa verde tocate.
c) Dați la frigider cel puțin 30 de minute pentru a lăsa aromele să se topească.
d) Serviți dip-ul de stridii picant cu chipsuri de tortilla sau biscuiți.

## 84. Canape cu stridii și castraveți

**INGREDIENTE:**
- 16 stridii proaspete, decojite
- 1 castravete, feliat subțire
- Cremă de brânză
- Crengute de marar pentru garnitura
- Coaja de lamaie

**INSTRUCȚIUNI:**
a) Unti crema de branza pe fiecare felie de castravete.
b) Puneți o stridie decojită deasupra cremă de brânză.
c) Se ornează cu crenguțe de mărar și un strop de coajă de lămâie.
d) Serviți ca tartine răcoritoare.

# 85.Tostadas cu salsa de stridii și mango

**INGREDIENTE:**
- 16 stridii proaspete, decojite
- 8 scoici mici de tostada
- 1 cană de mango, tăiat cubulețe
- 1/2 cana ceapa rosie, tocata marunt
- 1/4 cana coriandru, tocat
- Bucuri de lime pentru ornat

**INSTRUCȚIUNI:**
a) Puneți stridiile decojite pe fiecare coajă de tostada.
b) Într-un castron, amestecați mango tăiat cubulețe, ceapa roșie și coriandru.
c) Peste stridii se pune salsa de mango.
d) Se ornează cu felii de lime.
e) Serviți ca aperitive vibrante de tostada.

# 86. Crostini cu stridii și pesto

**INGREDIENTE:**
- Felii de baghetă, prăjite
- 16 stridii proaspete, decojite
- Sos pesto
- Roșii cherry, tăiate la jumătate
- Glazură balsamică pentru stropire

**INSTRUCȚIUNI:**
a) Întindeți un strat de sos pesto pe fiecare felie de baghetă prăjită.
b) Puneți o stridie decojită deasupra pesto-ului.
c) Se ornează cu roșii cherry tăiate în jumătate.
d) Stropiți cu glazură balsamică.
e) Serviți ca crostini pesto aromați.

## 87. Poppers cu stridii și bacon Jalapeño

**INGREDIENTE:**
- 16 stridii proaspete, decojite
- 8 ardei jalapeño, tăiați în jumătate și fără semințe
- Cremă de brânză
- 8 felii de bacon, taiate in jumatate
- Scobitori

**INSTRUCȚIUNI:**
a) Preîncălziți cuptorul la 375 ° F (190 ° C).
b) Întindeți cremă de brânză în fiecare jumătate de jalapeño.
c) Pune o stridie decojita pe crema de branza.
d) Înfășurați fiecare jalapeño cu o jumătate de felie de slănină și fixați cu o scobitoare.
e) Coaceți 20-25 de minute sau până când baconul este crocant.
f) Se servesc fierbinti ca poppers picant de stridii jalapeño.

## 88. Guacamole cu stridii și mango

**INGREDIENTE:**
- 16 stridii proaspete, decojite și tăiate cubulețe
- 2 avocado coapte, piure
- 1 mango, taiat cubulete
- 1/4 cana ceapa rosie, tocata marunt
- 1/4 cana coriandru, tocat
- Suc de lămâie
- Chipsuri de tortilla pentru servire

**INSTRUCȚIUNI:**
a) Într-un castron, combinați stridiile tăiate cubulețe, piureul de avocado, mango tăiat cubulețe, ceapa roșie și coriandru.
b) Stoarceți sucul de lămâie peste amestec și amestecați bine.
c) Serviți guacamole de stridii și mango cu chipsuri de tortilla.

## 89.Ciuperci umplute cu stridii si branza de capra

**INGREDIENTE:**
- 16 stridii proaspete, decojite
- 16 ciuperci mari, curățate și îndepărtate tulpinile
- 4 uncii brânză de capră
- 2 linguri de pesmet
- Frunze de cimbru proaspăt pentru ornat
- Ulei de măsline pentru stropire

**INSTRUCȚIUNI:**
a) Preîncălziți cuptorul la 375 ° F (190 ° C).
b) Într-un castron, amestecați brânza de capră și pesmetul.
c) Umpleți fiecare ciupercă cu amestecul de brânză de capră.
d) Pune o stridie decojită deasupra fiecărei ciuperci umplute.
e) Stropiți cu ulei de măsline.
f) Coaceți 15-20 de minute sau până când ciupercile sunt fragede.
g) Se ornează cu frunze de cimbru proaspăt.
h) Serviți cald.

# MOLUȘTE COMESTIBILE

# 90.Scoici dip

**INGREDIENTE:**
- ⅓ cană de ketchup de roșii Heinz
- 1 pachet (8 oz) cremă de brânză; înmuiat
- 1 lingurita suc proaspat de lamaie
- ⅛ linguriță pudră de usturoi
- 1 conserve (6,5 oz) de scoici tocate; drenat

**INSTRUCȚIUNI:**
a) Amestecă treptat ketchup-ul cu cremă de brânză.
b) Adăugați sucul de lămâie, pudra de usturoi și scoici. Acoperiți și răciți.

# 91. Scoici umplute la cuptor

**INGREDIENTE:**

- 1 poate Scoici tocate
- 1 baton de margarina topita
- 4 linguri bulion de scoici
- Un praf de sare de usturoi
- 3 căni de firimituri de biscuiți Ritz
- 1 lingură Sherry
- ½ linguriță sos Worcestershire

**INSTRUCȚIUNI:**

a) Scurgeți scoici, rezervând 4 linguri de lichid. Se amestecă toate ingredientele și se umple cojile.
b) Se coace la 350 de grade timp de 15 minute. Dacă nu aveți coji, coaceți într-o tavă mică de copt timp de 20 până la 25 de minute și serviți pe biscuiți.

## 92.Fritelii de scoici la conserva

**INGREDIENTE:**
- 1 ou; bine bătut
- ½ lingurita Sare
- ⅛ linguriță piper negru
- ⅔ cană făină albă de grâu
- 1 lingurita Praf de copt
- ¼ cană bulion de scoici conservat
- 1 lingura de unt; topit
- 1 cană de scoici tocate
- Ulei sau unt clarificat
- ¼ cană smântână sau iaurt
- 1 lingurita Marar; tarhon sau cimbru

**INSTRUCȚIUNI:**

a) Amestecați ușor toate ingredientele, adăugând ultimele scoici. Puneți 2 linguri pline pentru fiecare fritură pe o grătară unsă fierbinte sau pe o tigaie de fier.

b) Cand bulele se sparg, intoarcem fritlele.

c) Se servește cald cu o praf de smântână, iaurt sau sos tartar.

## 93.Bile de scoici

**INGREDIENTE:**
- 3 6 1/2 oz conserve de scoici tocate scurse d
- 3 tulpini de telina, tocate
- 1 ceapă, tocată
- Sare si piper dupa gust
- 6 ouă fierte tari, tăiate cubulețe
- ½ kg Pesmet de pâine umedă
- Ulei pentru prăjire adâncă

**INSTRUCȚIUNI:**
a) Adăugați suficientă apă până la sucul de scoici pentru a face 2 căni. Pune 1½ cani de suc de scoici, ceapa si telina intr-o cratita; se fierbe până când țelina este moale.
b) Adăugați scoici, sare și piper în țelină; se fierbe timp de 10 minute. Adăugați ouăle, sucul de scoici rămas și pesmetul de pâine în amestecul de ceapă.
c) Când este suficient de rece pentru a fi manevrat, formați bile mici; da la frigider pana se raceste bine.
d) Încălziți uleiul într-o friteuză la 350. Se prăjesc bilutele de scoici până se rumenesc.
e) Scurgeți pe prosoape de hârtie; se serveste imediat cu scobitori.

# SCOICI

## 94. Ceviche de scoici de dafin

**INGREDIENTE:**
- 1½ linguriță de chimion măcinat
- 1 cană suc proaspăt de lămâie
- ½ cană suc proaspăt de portocale
- 2 kilograme de scoici de golf
- 1 ardei iute rosu iute; tocat mărunt
- ¼ cană ceapă roșie; tocat mărunt
- 3 roșii prune coapte; însămânțate și tocate
- 1 ardei gras rosu; însămânțate și tocate
- 3 ceapa verde; tocat
- 1 cană coriandru proaspăt tocat
- 1 Tei; feliate, pentru ornat

**INSTRUCȚIUNI:**

a) Se amestecă chimenul în sucul de lime și portocale și se toarnă peste scoici.

b) Se amestecă ardeiul iute tocat și ceapa roșie. Acoperiți și lăsați la frigider pentru cel puțin 2 ore.

c) Chiar înainte de servire, scurgeți scoici și amestecați cu roșiile tocate, ardeiul gras, ceapa verde și coriandru. Se orneaza cu feliile de lime.

## 95.Scoici Bourbon-slănină

**INGREDIENTE:**
- 3 linguri ceapa verde tocata
- 2 linguri Bourbon
- 2 linguri sirop de artar
- 1 lingură Sos de soia cu conținut scăzut de sodiu
- 1 lingură muștar de Dijon
- ¼ lingurita Piper
- 24 scoici mari
- 6 felii de bacon de curcan; 4 uncii
- Spray de gatit
- 2 căni de orez fiert

**INSTRUCȚIUNI:**
a) Combină primele 6 ingrediente într-un bol; amesteca bine. Adăugați scoici, amestecând ușor pentru a acoperi. Acoperiți și marinați la frigider 1 oră, amestecând din când în când.
b) Scoateți scoicile din bol, rezervând marinada. Tăiați fiecare felie de bacon în 4 bucăți. Înfășurați bucata de bacon în jurul fiecărei scoici
c) Așezați scoici pe 4 frigărui (12 inchi), lăsând puțin spațiu între scoici, astfel încât slănina să se gătească.
d) Așezați frigăruile pe o tigaie acoperită cu spray de gătit; se prăjește 8 minute sau până când slănina este crocantă și scoicile sunt gata, ungând ocazional cu marinada rezervată

# 96. Scoici caramelizate

**INGREDIENTE:**
- 12 scoici de mare, tăiați în jumătate
- 2 uncii de vin de Porto
- 1 uncie stoc de vițel
- ½ cană bulion de midii
- 1 uncie de unt, nesărat
- 2 lingurite Trufa tocata
- 2 lingurite suc de trufe
- 1 lingura ulei de alune
- 12 bucăți morcovi baby, glazurați
- 4 uncii de spanac, sotat cu unt

**INSTRUCȚIUNI:**
a) Se fierbe vinul de porto si se adauga supa de vitel, supa de midii si se aduce la fierbere si se reduce cu o treime.
b) Monte cu o uncie de unt si in ultimul moment adauga sucul de trufe si trufele tocate. Se calesc scoicile in ulei de alune la foc mare pana devin maro auriu.
c) Aranjați garnitura și scoicile pe farfurie și turnați sosul pe farfurie.

# RAC DE RÂU

## 97. Se fierbe raci în stil cajun

**INGREDIENTE:**
- Raci vii (cat este nevoie)
- 5 galoane de apă
- 1 cană de condimente cajun
- 1 cană de sare
- 1 cană de boabe întregi de piper negru
- 1 cana catei de usturoi
- 6 lămâi, tăiate la jumătate
- 1 cană de sos iute (ajustați după gust)
- Porumb pe stiule
- Cartofi rosii

**INSTRUCȚIUNI:**
a) Umpleți o oală mare cu apă și aduceți-o la fiert.
b) Adăugați în apa clocotită condimente Cajun, sare, boabe de piper, usturoi, lămâi și sos iute.
c) Lăsați amestecul să fiarbă timp de 10-15 minute pentru a lăsa aromele să se topească.
d) Adăugați raci, porumb și cartofi roșii în oală.
e) Gatiti aproximativ 5-7 minute sau pana cand racii devin rosu aprins si cartofii sunt fragezi.
f) Scurgeți apa și întindeți conținutul pe o masă mare acoperită cu ziar.
g) Serviți cu condimente suplimentare Cajun și felii de lămâie.

## 98.Raci cu unt cu usturoi

**INGREDIENTE:**
- Raci vii
- 1/2 cană unt
- 4 catei de usturoi, tocati
- 1 lingura patrunjel proaspat tocat
- Sare si piper dupa gust
- Roți de lămâie pentru servire

**INSTRUCȚIUNI:**
a) Se fierb racii la abur sau se fierb pana sunt fierti. Spargeți cojile și îndepărtați carnea.
b) Într-o tigaie, se topește untul la foc mediu și se călește usturoiul tocat până este parfumat.
c) Adăugați carnea de raci în tigaie și amestecați-o cu unt de usturoi.
d) Se presara patrunjel tocat, sare si piper. Gatiti inca 2-3 minute.
e) Serviți cu felii de lămâie.

## 99.Paste cu raci

**INGREDIENTE:**
- Cozi de raci fierte, decojite
- 8 oz linguine sau fettuccine
- 2 linguri ulei de masline
- 4 catei de usturoi, tocati
- 1/2 cană roșii cherry, tăiate la jumătate
- 1/4 cană vin alb
- 1/4 cană supă de pui sau legume
- Fulgi de ardei roșu (opțional)
- Sare si piper negru dupa gust
- Pătrunjel proaspăt, tocat, pentru ornat

**INSTRUCȚIUNI:**
a) Gatiti pastele conform instructiunilor de pe ambalaj.
b) Într-o tigaie mare, încălziți ulei de măsline la foc mediu. Se adaugă usturoiul tocat și se călește până se parfumează.
c) Adăugați cozi de raci și roșii cherry în tigaie. Gatiti 2-3 minute.
d) Se toarnă vin alb și bulion și se lasă să fiarbă 5 minute.
e) Asezonați cu fulgi de ardei roșu (dacă folosiți), sare și piper negru.
f) Turnați pastele fierte în tigaie și ungeți-le cu amestecul de raci.
g) Se orneaza cu patrunjel proaspat si se serveste.

## 100. Etouffee de raci

**INGREDIENTE:**
- 1 lb cozi de raci, decojite
- 1/2 cană unt
- 1/2 cană făină universală
- 1 ceapa, tocata marunt
- 1 ardei gras, tocat
- 2 tulpini de telina, tocate
- 3 catei de usturoi, tocati
- 2 cesti supa de pui sau legume
- 1 conserve (14 oz) de roșii tăiate cubulețe
- 1 lingură sos Worcestershire
- 1 lingurita condiment cajun
- Orez alb fiert pentru servire

**INSTRUCȚIUNI:**
a) Într-o tigaie mare, topește untul la foc mediu. Amestecați făina pentru a face un roux și gătiți până devine maro auriu.
b) Adăugați ceapa tocată, ardeiul gras, țelina și usturoiul în tigaie. Gatiti pana se inmoaie legumele.
c) Adăugați treptat supa de pui sau de legume, amestecând continuu pentru a evita cocoloașele.
d) Se amestecă roșiile tăiate cubulețe, sosul Worcestershire și condimentele Cajun. Se fierbe timp de 10-15 minute.
e) Adăugați cozi de raci și gătiți până se încălzesc.
f) Serviți etouffee peste orez alb fiert.

# CONCLUZIE

Pe măsură ce ne încheiem călătoria oceanică prin „Cartea de bucate completă pentru crustacee", sperăm că ați experimentat bucuria de a explora lumea diversă și delicioasă a crustaceelor. Fiecare rețetă din aceste pagini este o sărbătoare a aromelor sarate, dulci și sărate care definesc aceste comori subacvatice - o mărturie a posibilităților culinare pe care le oferă crustaceele.

Indiferent dacă ați savurat simplitatea stridiilor perfect decojite, ați îmbrățișat versatilitatea creveților la grătar sau v-ați răsfățat cu mâncăruri decadente din homar, avem încredere că aceste rețete v-au aprins pasiunea pentru a crea mâncăruri memorabile și delicioase cu crustacee. Dincolo de ingrediente și tehnici, „Cartea de bucate completă pentru crustacee" poate deveni o sursă de inspirație, o conexiune cu generozitatea oceanelor și o sărbătoare a bucuriei care vine cu fiecare creație de crustacee.

Pe măsură ce continuați să explorați lumea bucătăriei cu crustacee, această carte de bucate să vă fie însoțitorul de încredere, ghidându-vă printr-o varietate de rețete care prezintă bogăția și versatilitatea acestor delicii oceanice. Iată pentru a savura prospețimea saramură, creând capodopere culinare și îmbrățișând deliciul care vine la fiecare mușcătură. Gătit fericit!

www.ingramcontent.com/pod-product-compliance
Lightning Source LLC
Chambersburg PA
CBHW071321110526
44591CB00010B/977